教育部人文社会科学重点研究基地
重庆工商大学长江上游经济研究中心

山地丘陵地区
农业科技协同创新模式选择

王　燕　著

本书由以下项目共同资助：

1. 国家社会科学基金一般项目"西部地区农业科技协同创新机制研究"（13BJY117）

2. 国家社会科学基金一般项目"西部农村贫困地区脱贫攻坚后高质量发展的创新驱动机制研究"（19BJY131）

3. 重庆市社会科学基金重点项目"重庆农村贫困地区 2020 年后高质量发展的创新驱动机制研究"（2019WT44）

4. 重庆市教育科学"十三五"规划重点项目"重庆农村贫困地区脱贫攻坚后乡村教育高质量发展的创新驱动机制研究"（2019-GX-115）

5. 重庆市社会科学规划英才计划项目"乡村振兴战略下重庆山地特色高效农业科技创新路径研究"（2022YC008）

6. 重庆市经济社会发展重大决策咨询研究项目"乡村振兴战略下重庆农业科技协同创新问题研究"（FGWXSW2020-1-17）

科　学　出　版　社

北　京

内 容 简 介

世界各国农业发展历史表明,大力开展农业科技协同创新已成为新时期农业科技创新的必然选择。我国山地丘陵地区有着独特的地形与地貌,因而,如何选择农业科技协同创新模式,成为理论界和实务界需要重点研究的内容。本书在借鉴国内外典型地区农业科技协同创新做法与经验的基础上,界定了农业科技协同创新内涵,构建了农业科技协同创新的实现机制模型,研究了国内山地丘陵地区农业科技协同创新的具体实践,并以重庆为典型案例,分析了重庆农业科技协同创新的基础,研究了重庆典型的农业科技协同创新实践,厘清了重庆农业科技协同创新的制约因素及存在的问题,提出了乡村振兴战略下重庆农业科技协同创新的模式选择及实现路径。

本书适合高校及科研院所研究人员、政府相关部门工作人员阅读。

图书在版编目(CIP)数据

山地丘陵地区农业科技协同创新模式选择 / 王燕著.—北京:科学出版社,2023.9

ISBN 978-7-03-075311-3

Ⅰ.①山… Ⅱ.①王… Ⅲ.①山地-农业技术-技术创新机制-研究-中国②丘陵地-农业技术-技术创新机制-研究-中国 Ⅳ.①F323.3

中国国家版本馆 CIP 数据核字(2023)第 061444 号

责任编辑:王丹妮 / 责任校对:姜丽策
责任印制:张 伟 / 封面设计:有道设计

科学出版社 出版
北京东黄城根北街 16 号
邮政编码:100717
http://www.sciencep.com

北京中科印刷有限公司 印刷
科学出版社发行 各地新华书店经销

*

2023 年 9 月第 一 版 开本:720×1000 1/16
2023 年 9 月第一次印刷 印张:10 1/2
字数:210 000
定价:128.00 元
(如有印装质量问题,我社负责调换)

作 者 简 介

王燕，经济学博士、管理学博士后，三级教授，重庆英才·创新创业领军人才，重庆工商大学高层次人才特聘教授，重庆工商大学"萧丽玉教育发展基金"科研突出教师，重庆工商大学"萧丽玉教育发展基金"教学突出教师，教育部人文社会科学重点研究基地重庆工商大学长江上游经济研究中心研究人员、重庆市生产力中心专家、重庆市大渝乡振兴研究院专家，是教育部首批国家级课程思政示范课程、教学名师和团队项目获得者（2021年），重庆市第九次、第十一次社会科学优秀成果奖获得者（2018 年、2022年），重庆市教学成果奖获得者（2017 年）；重庆市第一届学位与研究生教育学会研究生教育教学改革研究优秀成果奖获得者（2019 年），重庆市"创新型国家建设与'一带一路'绿色发展创新"研究生导师团队负责人（2018 年），重庆市第六批研究生优质课程"中国区域经济问题专题"负责人（2019 年），教育部人文社会科学重点研究基地长江上游经济研究中心"创新型国家与'一带一路'绿色发展"创新团队负责人（2017 年），重庆工商大学重庆市一流学科"应用经济学"学术技术带头人；香港中文大学教育社会科学医学研究计划项目获得者，全国 MBA 企业竞争模拟大赛优秀指导教师，重庆市学位与研究生教育先进个人，并被学校选派参加2017年中央党校六部委第76期"哲学社会科学教学科研骨干研修班"学习。

长期致力于区域创新与区域经济及农业农村发展研究，获批主持国家社会科学基金一般项目 2 项［"西部地区农业科技协同创新机制研究"（2013 年）、"西部农村贫困地区脱贫攻坚后高质量发展的创新驱动机制研究"（2019

年）］，以及重庆市经济社会发展重大决策咨询研究项目（2020 年）、重庆市社会科学基金重点项目（2019 年）、重庆教育科学规划一般项目（2009 年）及重点项目（2019 年）、重庆市软科学项目（2009 年）、重庆市教育委员会重大攻关项目（2008 年）、重庆市教育委员会科学技术项目（2008 年）等 50 余项，并主持重庆市研究生教育教学改革重大项目（2020 年）、重点项目（2016 年），重庆市高等教育教学改革研究项目（2011 年、2016 年、2020 年），以及重庆潼南区农业农村委员会重大项目（2019 年）、重庆市石柱土家族自治县科学技术局"十四五"创新规划项目（2020 年）等各类横向课题 50 余项。以第一作者执笔完成的《关于重庆餐饮行业精准控疫、保证市场供应，恢复生产的建议》，于 2020 年 3 月被《重报内参》第 371 期作为核心建设内容采用，重庆市市长及副市长对此建议予以重要批示，其核心内容被应用于《重庆市人民政府办公厅关于应对新型冠状病毒感染的肺炎疫情支持中小企业共渡难关二十条政策措施的通知》中，累计产生经济效益近 4 亿元。以第一作者执笔完成的《脱贫攻坚如何与乡村振兴有效衔接——基层期盼"四稳定"，积极探索六大创新机制》的咨政建议，被《重报内参》第 400 期作为核心建设内容采用，重庆市主管农业的副市长予以重要批示。以第一执笔人完成的推动成渝地区双城经济圈发展的《精准施策，补齐短板推进"綦江-万盛"一体化同城化融合化发展》，被重庆市副市长予以重要批示（2021 年），该成果被转化成市政协五届四次会议委员提案并立案。以第一执笔人完成的《推动成渝地区双城经济圈养老服务体系共建共享的建议》，被重庆市副市长予以重要批示（2022 年）。以第一执笔人完成的《立足国家战略，优化经济空间，推动成渝地区双城经济圈高质量发展的建议》，被时任重庆市副市长、现任重庆市副书记予以重要批示（2022 年）。以第一执笔人完成的《分类指导，精准施策，推动脱贫攻坚与乡村振兴有效衔接》（2020 年），被民革中央专报报送全国政协，被全国政协予以采用。

此外，以第一作者在《管理世界》《南开管理评论》等高水平期刊发表论文 70 余篇，其中以其所承担的国家社会科学基金一般项目"西部地区农业科技协同创新机制研究"为支持，以第一作者于 2018 年 6 月在《管理世界》发表 2 万余字长篇论文《乡村振兴战略下西部地区农业科技协同创新模式选择与实现路径》，被中国人民大学报刊复印资料《农业经济研究》全文转载（2018 年 9 月），且经读者调查、学者推荐、专家评议、投票确定等程序，获评入选"2018 年度中国十大学术热点"热点五："乡村振兴战略研究"的重要文献，并列热点五重要文献第一位。截至 2023 年 2 月，累计下载 5 461 次，引用 64 次，该论文得到国内经济学界知名专家教授认可、引用及评价，如被"2018 年中国经济学与管理学研究热点分析[J]. 中国人民大学书报资料中心经济编辑部和《经济学动态》编辑部联合课题组，李军林，胡家勇. 经济学动态，2019（3）"一文引用并评价，其认为该论文"将我国乡村问题的解决方案提炼成'中国经验',为全球解决乡村问题贡献中国智慧和中国方案",还被中国著名大型经济类专业网站国研网等网站收录并转载。并且,还以通讯作者发表SCI级别Q2区期刊论文。

序

　　党的二十大报告对中国式现代化进行了深刻阐释，并将其作为全面建成社会主义现代化强国、实现第二个百年奋斗目标、全面推进中华民族伟大复兴的行动指南。报告提到，要"全面推进乡村振兴"，"坚持农业农村优先发展"，"巩固拓展脱贫攻坚成果"，为农业农村现代化发展指明了方向、明确了重点，同时要求"加快建设农业强国，扎实推动乡村产业、人才、文化、生态、组织振兴。全方位夯实粮食安全根基，全面落实粮食安全党政同责，牢牢守住十八亿亩耕地红线……确保中国人的饭碗牢牢端在自己手中"①。2023年中央一号文件指出"全面建设社会主义现代化国家，最艰巨最繁重的任务仍然在农村"，"坚决守牢确保粮食安全、防止规模性返贫等底线，扎实推进乡村发展、乡村建设、乡村治理等重点工作，加快建设农业强国，建设宜居宜业和美乡村"，从抓紧抓好粮食和重要农产品稳产保供、加强农业基础设施建设、强化农业科技和装备支撑、巩固拓展脱贫攻坚成果、推动乡村产业高质量发展、拓宽农民增收致富渠道、扎实推进宜居宜业和美乡村建设、健全党组织领导的乡村治理体系、强化政策保障和体制机制创新九个方面推进乡村振兴，并提出"强国必先强农，农强方能国强"，要加快"建设供给保障强、科技装备强、经营体系强、产业韧性强、竞争能力强的农业强国"②。

　　山地丘陵地区是我国区域经济的重要组成部分，既是传统农业集中区，又是"老、少、边、山"的集中分布区，自然条件复杂，生态环境脆弱。地形地貌的复杂多样、农业产业的特色各异、科技资源的薄弱分散、农民科技素质的落后缺失等诸多现实问题决定了我国农业科技协同创新的重点和难点在山地丘陵地区，其农业科技协同创新具有必要性、紧迫性及艰巨性。因此，以农业科技协同创新

---

① 习近平：决胜全面建成小康社会 夺取新时代中国特色社会主义伟大胜利——在中国共产党第十九次全国代表大会上的报告. https://www.gov.cn/zhuanti/2017-10/27/content_5234876.htm?eqid=fbed818d0000589000000003645b09a8，2017-10-27.

② 中共中央 国务院关于做好 2023 年全面推进乡村振兴重点工作的意见. http://www.gov.cn/zhengce/2023-02/13/content_5741370.htm，2023-02-13.

推动山地丘陵地区农业农村现代化，具有典型示范意义，需要立足当地资源禀赋和发展实际，选择适合山地丘陵地区发展的农业科技协同创新模式和实现机制，保障山地丘陵地区乡村振兴战略的成功实施。

基于此，本书按照"对比借鉴—理论研究—现状研究—模式探索—实现路径"的总体思路，在背景分析、理论分析和实证考察的基础上，借鉴国内外典型国家和地区农业科技协同创新的做法与经验，深入研究农业科技协同创新的内涵及实现机制，分析我国山地丘陵地区农业科技协同创新的典型实践，同时以重庆为例，研究了重庆农业科技协同创新的基础，总结分析了重庆具有代表性的 5 种典型农业科技协同创新实践，提出了新时代乡村振兴战略下重庆农业科技协同创新"6+4"的实践模式，厘清了乡村振兴战略下重庆农业科技协同创新的制约因素和存在的问题，并基于战略、知识和组织的协同，兼顾文化、技术、经济、制度、战略等层面因素，提出实现新时代乡村振兴战略下重庆农业科技协同创新的政策建议，以期为加快推进重庆乡村振兴战略建言献策。

本书是重庆市经济社会发展重大决策咨询研究项目"乡村振兴战略下重庆农业科技协同创新问题研究"（FGWXSW2020-1-17）一次性通过专家评审结题的研究成果，并得到了评审专家的肯定与好评。其中有专家认为"课题选题具有很强的现实意义和理论价值，相关研究契合了重庆市乡村振兴战略下农业科技协同创新发展的需求，课题总体研究理论框架较为完善，尤其为我国山地丘陵地区以农业科技协同创新推动乡村振兴战略理论研究的拓展提供了新的范式"。还有专家认为"课题研究过程中产生了较强的影响力，课题在研究过程中，相关研究结论与政策建议得到交流与推广，为政府职能部门、科研院所以及农业龙头企业、农业示范基地，以农业科技协同创新推动乡村振兴战略提供一定理论依据和决策参考"，"课题研究过程中形成了一定的决策和社会影响力"，课题"提出了新时代乡村振兴战略下重庆农业科技协同创新'6+4'的实践模式，厘清了乡村振兴战略下重庆农业科技协同创新的制约因素和存在的问题，获得了课题研究宝贵的'一手资料'，较好地将理论分析与实证分析有机结合，问题分析清晰，观点比较深入，对策建议具有较强的针对性和操作性"，等等。

当然，研究的出发点不同，势必导致对我国山地丘陵地区农业科技协同创新模式的认识、研究、理解不同。在山地丘陵地区农业科技协同创新模式选择研究中，笔者虽然阅读了大量的文献资料并开展了一定的研究工作，但农业科技协同创新是一项庞大而复杂的工程，农业科技协同创新的产生、发展及成果产业化需要广泛、复杂、严格的条件要素的支撑，且山地丘陵地区复杂而脆弱的生态环境和独特的地理区位，使得山地丘陵地区农业科技协同创新模式选择目前仍处于前沿的探索阶段，不仅需要研究者具有广博而坚实的理论基础，也需要实证研究方面有完整而翔实的统计资料。受笔者理论研究水平及研究时间、资料等方面的限制，本书并不能囊括山地丘陵地区农业科技协同创新模式选择所有理论，有些问题还有待进一步展开和讨论，不足之处在所难免，有关山地丘陵地区农业科技协同创新模式选择的新视角与新问题也会随时出现。本书在成书过程中，参考了诸多专家学者的著作或论文科研成果，并在书中做了注明，在此深表感谢！竭诚渴望阅读本书的同仁们、朋友们多多提出宝贵意见，笔者将不胜感激并继续完善。

王燕

2023 年 5 月于重庆

目　　录

第一章 绪 论

第一节 选题背景

一、政治背景

我国是一个农业大国，"三农"问题是关系国计民生的根本性问题。自 1982 年，中共中央连续发布了一系列以"农业、农村、农民"为主题的文件，对农业改革及农村发展进行了重点部署和规划。当前，我国农业正处于生产主导型向技术主导型转变的关键时期，面对农业发展的新要求，农业科技协同创新已成为推动农业农村现代化的重要动力。党的十八大以来，国家针对农业发展制定了一系列政策方针，旨在进一步解决农业和农业科技问题，为推进乡村振兴和农业农村现代化提供指导思想和理论依据。从制度变迁的视角来看，2012 年中共中央、国务院出台《关于加快推进农业科技创新持续增强农产品供给保障能力的若干意见》，指明了农业科技"公共性、基础性、社会性"的特征，并提出"农业科技是确保国家粮食安全的基础支撑"，要通过科技创新推动现代农业全面发展[①]。2014 年中共中央、国务院印发《关于全面深化农村改革加快推进农业现代化的若干意见》，提出"加大农业科技创新平台基地建设和技术集成推广力度"[②]。2015 年、2016 年农业部发布的《关于深化农业科技体制机制改革加快实施创新驱动发展战略的意见》《农业科技创新能力条件建设规划（2016—2020 年）》等相关文件均提出了要重点突破农业关键技术，加快推进农业科技协同创新、提升科技成果转化应用能力。2018 年中央一号文件提出实施乡村振兴战略，明确了全面

---

① 中共中央 国务院关于加快推进农业科技创新持续增强农产品供给保障能力的若干意见. http://www.gov.cn/gongbao/content/2012/content_2068256.htm，2011-12-31.

② 中共中央 国务院印发《关于全面深化农村改革加快推进农业现代化的若干意见》. http://www.gov.cn/gongbao/content/2014/content_2574736.htm，2014-01-19.

建成小康社会、推进农业现代化的重要任务[①]。党的十九届五中全会提出，优先发展农业农村，全面推进乡村振兴[②]。2020 年"十四五"规划提出，要注重农业发展的质量和效益，将"提高粮食产量、增加农民收入"作为农业发展的中心任务[③]。2022 年 2 月 22 日，中央一号文件发布，部署全面推进乡村振兴重点工作，明确"保障国家粮食安全和不发生规模性返贫"两条底线任务，做好乡村发展、乡村建设、乡村治理三方面重点工作，推动乡村振兴取得新进展、农业农村现代化迈出新步伐[④]；同年 10 月，党的二十大报告提出"加快建设农业强国""坚持农业农村优先发展"[⑤]。可以看出，相关文件的出台表明了党中央对农业发展各项问题的高度重视，农业现代化发展深远的政治背景为农业科技协同创新奠定了坚实基础。

二、经济背景

农业是国民经济的基础，我国作为农业大国，农业经济的发展水平和质量是社会经济发展的重要保障。进入新发展阶段，农业科技协同创新已成为各个国家和地区经济增长的动力源泉，一方面，现代农业要求以先进技术打破传统农业发展模式，进而促进生产方式的转变、农业科技的进步，以及对培育优质品种的需求不断加大；另一方面，需要依靠科技进步和协同创新来提升农产品质量，以促进农业发展与农业经济增长，在国内经济转型升级、产业结构调整的背景下，我国农业生产的主要矛盾发生了变化，已由总量不足转变为结构性矛盾，传统的独立创新模式已经不能满足社会发展需求，而解决这一问题的关键是以协同创新为支撑。因此，推动农业科技协同创新是实现农业农村现代化发展的必由之路，对于加快我国现代化新征程具有重要意义。在"十四五"时期，我国农业科技协同创新迎来了新的机遇与挑战，主要体现在以下几个方面：一是在全球经济放缓的特殊时期，农业科技协同创新的环境发生着巨大变化，脱贫攻坚战的全面胜利为

---

① 中共中央　国务院关于实施乡村振兴战略的意见. http://www.moa.gov.cn/ztzl/yhwj2018/zyyhwj/201802/t20180205_6136410.htm，2018-01-02.

② 中国共产党第十九届中央委员会第五次全体会议公报. https://www.gov.cn/xinwen/2020-10/29/content_5555877.htm，2020-10-29.

③ 国务院关于印发"十四五"推进农业农村现代化规划的通知. https://www.gov.cn/gongbao/content/2022/content_5675948.htm，2021-11-12.

④ 中共中央　国务院关于做好 2022 年全面推进乡村振兴重点工作的意见. https://www.gov.cn/zhengce/2022-02/22/content_5675035.htm，2022-02-22.

⑤ 习近平：决胜全面建成小康社会　夺取新时代中国特色社会主义伟大胜利——在中国共产党第十九次全国代表大会上的报告. https://www.gov.cn/zhuanti/2017-10/27/content_5234876.htm?eqid=fbed818d0000589000000003645b09a8，2017-10-27.

农业经济增长、农业现代化创造了良好的环境和条件，但与此同时，欠发达地区的自我发展能力较弱，农村产业面临同质竞争问题，经济发展的潜在风险进入加快释放阶段；二是农业发展方向做出了重大调整，在市场机制的作用下，农村通过合理运用现代农业科技，打破了传统农业在生产中自给自足的局限，进一步优化了产业结构，提高了农业发展效率，同时，农业科技协同创新与重大产业布局、规模化生产经营相适应，农业经济发展可以充分发挥其制度优势，构建安全、有效的现代农业产业体系；三是数字经济赋能农业科技协同创新，随着物联网、人工智能、区块链等新兴技术广泛应用到农业科技领域，农业产业呈现整合发展态势，通过搭建协同、开放、共享的农业数字化平台，农业经营不断实现自我扩张，开展了不同行业间的深度合作，促进了多个领域的交叉融合，最终实现农业经济现代化、产业化、集约化发展；四是国际竞争加快了农业科技协同创新进程，经济全球化使农业生产要素实现了更大范围的配置，在取得经济收益的同时也带来了农业产业发展的巨大压力，而发达国家农业市场凭借其核心技术，在中国乃至全球形成了不可撼动的竞争优势，为了更好应对国际农业市场竞争格局的变化，我国亟须掌握现代农业产业发展的关键技术，因此，推动农业科技协同创新将成为未来农业经济发展的必然趋势。

三、生态环境背景

农业生态是农业绿色发展的重要组成部分，受资源、环境等因素影响，农业生态系统的结构发生了改变，依靠农业科技协同创新推动农业绿色发展已经成为人们的普遍认知。从国际环境来看，区域经济发展不平衡加剧了生态环境恶化，农产品安全的国际形势不容乐观，而国内正处于经济建设与生态建设协同发展的历史时期，水土流失、气候变暖、自然灾害等一系列重大环境问题不利于农业产业稳定发展，农业生态化需求日益强烈。此外，农业环境质量还与自身污染程度息息相关，化肥施用、农产品加工、有机废弃物产出等都有可能加大农业自身污染的风险。中华人民共和国成立以来，我国农业总体上呈现持续发展态势，并随着农业基础条件、投入水平的不断提高，农产品产量大幅度增长，劳动人民的基本温饱问题已有效解决。然而，农业经济发展却在很大程度上忽视了生态环境价值，这成为阻碍农业现代化发展的主要因素。因此，为了高质量发展生态农业经济，亟须解决农业发展与农业生态环境保护之间的矛盾。目前，我国正处于"传统农业"向"现代农业"转型的关键时期，需要广泛应用科学技术来转变农业发展方式，提高劳动生产率和资源利用率，打造一个绿色、安全、健康的现代化农业体系。党中央、国务院高度重视农业生态治理问题，"十二五"期间，农业部门明确了"一控两减三基本"的发展目标，并围绕这一目标构建了农机农艺结合、良种良法配套的绿色增产模式；随着"绿水青山就是金山银山""共抓大保护、不搞大开发"等系列绿色发展理念的提出，我国将持续推广"资源节约型、环境友好型农业生产体系"摆在了农村治理的重要位置①，提出大力发展现代生态循环产业，推进农业供给侧结构性改革，为解决农业生产资源环境问题提供支撑。山地丘陵地区是国家生态环境建设的重点治理区域，从山地丘陵地区生态农业的研究现状和发展实际来看，一方面，在人口数量急剧增加、土地资源日益减少的情况下，农业的过度开发利用加重了自然资源与生态环境对农业发展的刚性约束；另一方面，农业科技协同创新又使得资源利用率和劳动生产率不断提高，从而有效缓解了生态环境的压力。总而言之，生态农业的发展需要融合先进的农业科技体系，推动建设兼顾生态效益、经济效益和社会效益的绿色农业发展机制。

四、区域发展背景

山地丘陵地区农业科技协同创新必须立足于国情民情，党的十九届五中全会强调全面推进乡村振兴，其本质在于以农业科技进步和协同创新推动农业农村现代化。当前，农业产业布局不合理、土地利用效率低、功能配置不完善等问题制约着农业经济发展，严重阻碍了城乡统筹和乡村振兴战略的实施。在农业现代化的关键时期，针对经济发展产生的各种问题，更需要依靠农业科技协同创新，科学有序地引导农业农村规划建设。总体来看，我国基本构建了覆盖范围广、涵盖主体多的区域发展机制，但仍有部分地区的农业生产力水平存在较大差异。近年来，平原地区凭借良好的基础设施、丰富的要素投入，在农业科技协同创新方面取得了显著成效；受农业规模较小、生产条件较差等因素的限制，山区丘陵地区农业发展动力明显不足，具体表现为，在区域发展差距不断扩大的背景下，平原地区与山地丘陵地区农业经济呈现非均衡性增长。因此，在农业经济总体快速发展的情形下，山地丘陵地区陷入了农民增收缓慢、产业发展停滞的困境，而提升农业科技创新能力对于实现山地丘陵地区协同发展、促进现代农业科技进步等具有重要推动作用。我国山地、丘陵和高原面积约占全国土地总面积的 69%②，受地形地貌起伏的长期影响，山地丘陵地区呈现空间分布不均、产业规模较小的发展态势，进一步导致了劳动力转移就业空间有限、农业经济效益低下、创新成果

---

① 决定解读：资源节约型、环境友好型农业生产体系. http://www.gov.cn/govweb/jrzg/2008-11/04/content_1139399.htm，2008-11-04.

② 资料来源：中国科学院地理科学与资源研究所。

数量和质量不佳等问题，为破解山地丘陵地区发展困境，亟待寻求促进区域协调发展的模式和先进技术，以推动山地丘陵地区农业转型发展，因此，农业科技协同创新将成为山地丘陵地区未来农业发展的主旋律。

第二节　山地丘陵地区农业科技协同创新的必要性与重要意义

一、山地丘陵地区农业科技协同创新的必要性

从现代农业发展历程来看，农业生产有赖于科技创新，且相较于传统的农业独立创新，农业科技协同创新的研发周期更短、创新成本更低、产出成果更丰富，因此，农业科技协同创新是促进农业增效、农民增收、农业农村经济发展的根本动力。在地理位置受限、要素资源匮乏的双重约束下，山地丘陵地区农业科技协同创新水平与全国平均水平相比还有一定差距，存在资金投入不足、科研队伍素质不高、体制机制不合理等问题，推动山地丘陵地区农业科技协同创新，迫切需要加强农业技术的创新与合作。作为推动区域经济发展的重要动力，农业科技协同创新的关键在于激发创新主体活力、实现要素资源的合理流动，并建立安全、高效、可持续的协同创新机制，这既是重塑农业产业形态的基础支撑，也是突破资源环境约束的必然选择。因此，进一步研究山地丘陵地区农业科技协同创新是十分必要的，主要有以下六个方面。

一是从国家层面来看，农业科技协同创新是提升农业国际竞争力的主要驱动力。作为一项基础的国民经济活动，农业科技在日趋激烈的国际竞争中实现了多功能价值，一方面，随着社会主义市场经济体制的不断完善，农业科技协同创新已经成为国家农业经济现代化发展的重要支撑；另一方面，深入研究区域农业科技协同创新的实现机制，为我国优化农业空间开发格局、增强农业国际竞争力提供了基本保障，对于解决我国农业基本矛盾、加快建设社会主义现代化农业强国具有重要意义。

二是从区域发展层面来看，农业科技协同创新是区域协调发展的重要保障。对山地丘陵地区农业科技协同创新的研究，有利于促进区域农业发展水平的提升，是加快农业现代化建设、统筹城乡发展的决定性力量。山地丘陵地区是我国实施农业现代化发展的重点区域，针对该地区基础设施建设较弱、产业规模发展较小的现状，通过利用其独特的地理位置与资源条件，强化农业科技协同创新成果的推广与应用。可以说，推进山地丘陵地区农业现代化是实现我国农业转型发

展的基本前提，对于区域农业科技协同创新与农业经济发展将产生深刻而长远的影响。因此，有必要及时总结山地丘陵地区农业科技协同创新的理论与实践经验，为我国经济欠发达地区提供更多模式选择。

三是从产业发展层面来看，农业科技协同创新为农业产业现代化提供了生命力。随着农业经济结构和产业结构的调整，农业科技创设了更加科学的农业生产投入模式。一方面，农业科技进步最大化提升了农业生产能力，只有牢牢把握住科技进步、产业融合的关键节点，才能大大提高农作物产量；另一方面，顺应农业科技协同发展潮流，大力发展农业自主创新，也是当前解决产业发展动力不足的重要途径。此外，必须高度重视农业科技协同创新，保证农业产业各个环节的有序进行，这样不仅可以将科技成果迅速应用到农业发展上，还能为现代农业提供更加科学的管理办法，从而不断提高农业生产力水平。

四是从社会发展层面来看，农业科技协同创新是构建和谐社会的必然选择。农业农村现代化是社会经济现代化的重要内容，"十四五"时期，我国农业经济取得了全方位发展，现代农业要实现长足发展，必须依靠科技进步和协同创新"双轮"驱动，这也是转变经济增长方式、调节产业结构的客观要求。同时，运用现代科学技术转变农业发展方向，解决社会发展过程中存在的资源配置不合理等问题，成为我国构建和谐社会的必要条件。

五是从资源整合层面来看，农业科技协同创新是推动农业科技创新资源配置的重要途径。作为农业大国，我国拥有丰富的物质资源，合理利用要素资源禀赋，需要以科技协同创新为重要抓手，其实质是推进创新要素的市场化，从而有效改善农业科技资源的配置效率。目前，以农业资源为中心的竞争愈演愈烈，加之需求不足、耕地减少、资源浪费等严峻威胁，农业发展面临着巨大挑战，而整合农业科技协同创新的各种资源，有利于提高科技在农业生产过程中的占比，促进农业产业均衡发展。因此，在我国要素市场和资本市场发展不充分的条件下，农业科技协同创新是促进资源有效配置的最佳选择。

六是从生态文明层面来看，农业科技协同创新为区域农业可持续发展提供了动力。21世纪以来，我国针对"生态农业产业化"进行了多项绿色生产技术攻关研究，提出要转变生态农业发展理念，为农业绿色发展提供了重要保障。开展生态农业科技理论与模式创新研究，不仅是发展农业循环经济的重要内容，更是提高我国农产品环境质量、改善农民生活条件的迫切需要，对于实现农业经济可持续发展、推进区域农业现代化具有重要意义。

二、山地丘陵地区农业科技协同创新的重要意义

（一）研究的理论意义和学术价值

"十三五"时期，我国农业科技进步贡献率达到 60%，农业科技是促进创新成果不断产生并应用于农业经济系统的基础和保障，农业科技协同创新已成为推动现代农业和区域协调发展的重大课题。从农业发展环境来看，农业、农业科技及农业经济增长的相关问题是国内外关注的重点，关于农业科技协同创新的研究正在向更深层次方向发展。本书以农业科技协同创新相关理论为基础，深入探讨了山地丘陵地区农业科技协同创新的动力系统、条件系统、过程系统、调控系统，并提出了有利于农业农村统筹发展的实现路径，对于破解我国城乡二元经济结构、补齐农业现代化发展短板具有重要意义。基于此，本书研究山地丘陵地区农业科技协同创新的理论意义和学术价值主要包括以下几个方面。

第一，本书借鉴已有的理论成果，以山地丘陵地区为主要研究对象，在厘清农业科技协同创新战略价值的基础上，搭建了山地丘陵地区农业科技协同创新的理论框架，通过分析山地丘陵地区农业科技协同创新的体制机制及运行模式，形成了对区域协调发展理论、农业科技协同创新相关理论的有效补充，以丰富和完善农业科技协同创新的研究主题和内容，为推进区域农业现代化进程提供了理论参考。

第二，本书以完善农业科技协同创新理论体系为核心，在乡村振兴战略背景下，研究了山地丘陵地区农业科技协同创新的模式选择与实现路径，基于对现代农业发展规律的认识，结合农业区域发展要求和对我国国情的科学把握，讨论并提出了有利于提升农业科技创新能力、增强区域农业科技协同性的具体措施，对于推进农业科技协同创新进程、完善国家农业科技协同创新的研究范围有重要的理论意义。

第三，本书系统阐释和总结了国内外典型国家和地区农业科技协同创新的成功经验，并立足于山地丘陵地区农业经济发展实际，提出重庆乡村振兴背景下农业科技协同创新的"6+4"模式，从动力系统、条件系统、过程系统、调控系统等方面充分把握了农业科技协同创新的内涵及实现机制，在明确其参与主体的基础上，有利于厘清农业科技协同创新实现机制中各个系统的相互关系，对推动农业科技协同发展有一定理论意义和学术价值。

（二）研究的现实意义和应用前景

山地丘陵地区作为经济发展的重点地区，其产业形态相对复杂，还存在农业管理体制相对落后、农业科技成果转化率低等问题。为改善山地丘陵地区农业发

展现状，农业科技需要更大程度、更广范围的创新，但在目前条件下，在生态脆弱、经济欠发达的山地丘陵地区发展现代农业，要从生产条件、农业科技、农业生态等方面综合考虑，如何驱动山地丘陵地区农业科技协同创新发展，是当前农业经济协调发展面临的一个重大问题。在此背景下，强化山地丘陵地区的科技研发与应用，建立与农业发展阶段相适应的农业生产组织体系，对于促进该地区协调发展具有深远的历史意义。因此，本书研究的现实意义和应用前景包括以下几点。

第一，研究山地丘陵地区农业科技协同创新是推进农业技术集成与模式创新的现实需要。农业科技进步对现代农业发展起着至关重要的作用，给农业经济高质量发展带来了巨大且深远的影响，研究山地丘陵地区农业资源流动与整合的过程，集成农业生产的关键技术，有利于实现该地区人口、经济、生态间的有机统一，更有利于建设农业科技协同创新的长效机制，为山地丘陵地区农业现代化指明了前进方向。

第二，本书通过借鉴国内外农业科技协同创新的相关经验，对我国山地丘陵地区农业科技协同实现机制进行研究，深入剖析了影响山地丘陵地区农业科技协同创新的制约因素及存在问题，对打破农业发展瓶颈、提高技术成果转化率、增强我国农业国际竞争力具有重要意义。

第三，本书通过研究山地丘陵地区农业科技协同创新的典型实践，深入研究重庆市农业科技发展现状，分析了制约农业科技协同创新的主要因素，与此同时，在研究各区县具体做法的基础上，提出了重庆农业科技协同创新的模式选择与实现路径，为更多山地丘陵地区的农业科技协同创新提供了决策依据，对区域农业经济发展有着重要的实践意义和应用价值。

第三节　研究的价值与难度

本书研究的价值在于：其一，山地丘陵地区是我国区域经济的重要组成部分，本书以山地丘陵地区为研究对象，通过分析农业科技协同创新对农业经济发展的重要作用，立足于农业资源禀赋和产业优势，提出系统的农业科技协同创新机制与模式设计，有利于进一步完善山地丘陵地区农业科技协同创新的理论体系、推动山地丘陵地区农业高质量发展，从而实现山地丘陵地区农业发展质量与效益的有机统一；其二，本书通过梳理农业科技协同创新的内涵及实现机制，从农业现代化的角度和目的出发，厘清了科技协同创新与农业产业发展的关系，进一步强调了科技进步对农业经济增长的作用，从实践层面完善了山地丘陵地区农业科技协同创新的体制机制，对充实和完善我国现代农业的理论体系有着重要意义；其三，本书运用大量数据及实证研究，重点分析了重庆市农业农村发展成效、发展基础，从科研经费投入不足、农业机械化程度不高、劳动力素质偏低等方面剖析了重庆农业科技协同创新的影响因素，提出重庆农业科技协同创新的"6+4"模式，并系统总结了乡村振兴战略下重庆农业科技协同创新的实现路径，为高质量发展现代农业提供了经验借鉴。

本书研究的难度在于：第一，研究主体的多样性，农业科技协同创新是一个多主体参与的过程，这一过程的发展及演变规律相对复杂，且涉及企业、政府、科研机构、农户等多个创新主体，还受到经济发展、技术进步、自然环境等多种因素的影响，总体呈现出研究对象冗杂、研究过程长期连续等特征，使得研究数据采集有一定困难；第二，研究地区的特殊性，山地丘陵地区作为传统农业集中区，其自然条件相对复杂，生态环境较为脆弱，还存在低丘平坝、中丘、高丘、山地地貌区土地利用冲突的情况，且山地丘陵地区农业供给呈现明显的扩张态势，南北地区发展差异较大，使得研究范围的界定相对困难；第三，研究对象具有差异性，农业科技协同创新既具有一般的协同创新特征，又受需求不足和供给不足的双重约束，具有地域性、公共性、长期性和风险性，使得研究重点不好把握。

第四节　主体框架

本书按照"对比借鉴—理论研究—现状研究—模式探索—实现路径"的总体思路展开研究，共分为五章。

第一章，绪论。该章介绍了选题背景以及山地丘陵地区农业科技协同创新的必要性与重要意义，并阐述了研究的价值与难度、主体框架、研究的不足之处及主要遗留问题。

第二章，国内外典型国家和地区农业科技协同创新的比较研究与经验借鉴。该章通过对美国、英国、日本、韩国、印度、巴西、丹麦、荷兰、新西兰、意大利、以色列、西班牙等国外典型国家和吉林、辽宁、河南、山东、江苏、黑龙江、陕西、甘肃、北京、上海、宁夏、新疆等国内典型地区的农业科技协同创新进行研究，总结其成功的做法与经验，并得出了开放、多元的农业科技协同创新体系，为山地丘陵地区农业科技协同创新的模式选择提供了借鉴。

第三章，农业科技协同创新的内涵及实现机制。该章在研究农业科技协同创新内涵及特征的基础上，重点研究了农业科技协同创新实现机制，构建了农业科技协同创新机制模型，并对农业科技协同创新机制的动力系统、条件系统、过程系统、调控系统进行了分析。

第四章，山地丘陵地区农业科技协同创新的典型实践。该章通过研究福建、江西、湖北、广东、湖南、浙江、安徽、四川、云南等山地丘陵地区农业科技协同创新的具体实践，分析总结了农业现代化进程中不同地区农业科技协同创新的具体做法与经验。

第五章，山地丘陵地区农业科技协同创新模式选择的重庆实践。该章从"十三五"期间重庆市农业农村发展的成效、重庆农业科技协同创新的发展基础切入，较为系统地研究了重庆农业科技协同创新的制约因素及存在的问题，并提出重庆农业科技协同创新的"6+4"模式，从顶层设计、形成农业科技协同创新坚实的产业基础、大力培育创新文化、多渠道建立投融资体系、大力开展科技成果转化激励制度改革、以大数据为农业科技协同创新赋能、推动产业链与技术链双向融合、开展入选全球重要农业文化遗产（Globally Important Agricultural Heritage Systems）保护名录建设工作等角度提出了重庆农业科技协同创新的政策建议。

第五节　研究的不足之处及主要遗留问题

农业科技协同创新与其他领域的协同创新相比，具有显著差异，与我国农业现代化发展的要求相比，山地丘陵地区农业科技协同创新的模式选择与实现机制还不够全面。虽然本书在农业科技协同创新机制研究中尽量吸收多学科综合研究的成果，但由于笔者知识有限及资料短缺，研究范围尚待日后进一步扩展。

一、研究范围尚待扩展

由于篇幅限制，本书只是对农业科技协同创新的实现机制进行了初步探索，而针对各种具体问题的展开程度不足，如农业科技协同创新的条件、中央与地方政府间的分工合作等，要厘清更深层次问题之间的逻辑和辩证关系，还有待进一步深入的工作。

二、研究方法有待改进

本书在研究山地丘陵地区农业科技协同创新的模式选择时，主要采用了定性研究方法，但微观层面运用交易费用理论、现代契约理论、博弈论及复杂系统理论和方法对农业科技协同创新的多主体博弈及其机制形成等方面的研究不足。因此，运用交易费用理论、现代契约理论、博弈论及复杂系统理论和方法研究农业科技协同创新微观层面机理及相互关系，将是今后研究的核心领域。

三、调研数据有待丰富

本书是在理论探索的基础上对山地丘陵地区农业科技协同创新机制进行研究，但鉴于农业科技协同创新的地域性、公共性、长期性、风险性，且涉及科研机构、高校、涉农企业、政府、各类中介服务机构和农户、农场、农业合作社、村集体等多主体，相关数据采集具有复杂多样性。因此，数据多来源于《中国统计年鉴》《中国农村统计年鉴》《中国科技统计年鉴》及相关网站，实际调研数据有待丰富。

第二章 国内外典型国家和地区农业科技协同创新的比较研究与经验借鉴

党的二十大报告提出要"全面推进乡村振兴""坚持农业农村优先发展，坚持城乡融合发展，畅通城乡要素流动。加快建设农业强国，扎实推动乡村产业、人才、文化、生态、组织振兴。全方位夯实粮食安全根基，全面落实粮食安全党政同责，牢牢守住十八亿亩耕地红线，逐步把永久基本农田全部建成高标准农田，深入实施种业振兴行动，强化农业科技和装备支撑，健全种粮农民收益保障机制和主产区利益补偿机制，确保中国人的饭碗牢牢端在自己手中"[1]。世界各国乡村振兴发展历史表明，科技创新是乡村振兴的重要引擎，"实现农业持续稳定发展、长期确保农产品有效供给，根本出路在科技"①。21世纪农业革命性发展，农业科技协同创新已成为各区域大力发展农业的战略选择。本章通过比较国内外典型国家和地区的农业科技协同创新，总结其成功的做法与经验，以期为山地丘陵地区构建农业科技协同创新机制提供借鉴。

第一节 国外典型国家农业科技协同创新的做法与经验

一、美国农业科技协同创新的做法与经验

美国地处北美大陆南部，国土面积为 937 万平方千米，耕地面积为 1.88 亿公顷，人均耕地面积达 0.66 公顷，分别为全球和中国人均耕地面积的 3 倍和 6~7

---

① 中共中央、国务院印发《关于加快推进农业科技创新持续增强农产品供给保障能力的若干意见》（全文）. https://www.moa.gov.cn/ztzl/yhwj/zywj/201202/t20120215_2481552.htm，2012-02-02.

倍，富集的土地资源、优越的自然环境、适合的气象条件，成就了美国世界农业大国的地位[2]。美国农业研发实力强大，农业科研对农产品产值贡献率达 80%以上，平均每年农业研发投入都以 8%的增长率增长，科研体系完善，产学研无缝结合，科研成果转化率高，农业布局合理，生产效率高，既是全球最发达的农业强国，也是世界最大的农产品出口国[3]。美国作为大豆的主产国，其产量占世界产量的 30%以上，但长期以来，各种病虫害的侵袭使大豆生产成本提高和生态系统紊乱。蜡象、棉铃虫等鳞翅目害虫在美国中南部地区肆虐，导致每英亩（1 英亩 ≈ 4 046.856 平方米）大豆产量损失加上防治成本达 51.76 美元；在中西部地区，估计年损失额达到 24 亿美元[4]。面对病虫害影响区域逐步扩大和现有防控技术措施无效性的严峻形势，美国农业部合作研究、教育与推广局牵头组织实施"2002—2017 大豆生产系统害虫综合管理"项目，以"科技项目"推动农业科技协同创新，寻求本地和入侵害虫的生物学规律，以便有效制定防治措施，降低大豆生产成本。

具体做法与经验如下。一是整合美国各大豆主产区，由来自阿肯色大学、伊利诺伊大学、路易斯安那州立大学、密歇根州立大学、密西西比州立大学、密苏里州立大学、威斯康星大学、北卡罗来纳州立大学、肯塔基大学、明尼苏达大学、俄亥俄州立大学、宾夕法尼亚州立大学、堪萨斯州立大学、得克萨斯农作物生命研究所等知名大学、农业推广局、专业农业研究机构经验丰富的近 40 名科研、教育及推广人员组成的协同创新技术专家组进行项目研究。二是优势互补，集聚资源，协同创新，保持技术链与产业链的双向融合，通过学术会议、生产周报、农业集会、专业农业科技网站和电台等多渠道构建协同创新技术推广体系，及时共享、发布、推广最新技术信息，满足各地不同学习类型和不同技术水平生产者的需求，同时项目组专家予以技术指导。三是顺应发展改变农业科技政策重心，在 1980 年之前，主要由政府对农业科研进行投资，在农业教育发展方面提供大量资金支持和政策支持，让农民能够学习更多的技术性知识，有助于提高农业生产效率；在 1980~1993 年，政府开始鼓励和支持私人企业投资农业科研，允许高校和各类科研团队与联邦实验室合作；1993~2013 年，加大中小企业对农业科研的投资，私营企业开始与高校、科研机构合作研发农业生产技术等。四是构建农业协同创新平台，组建项目技术委员会和项目执行委员会，对项目予以战略指导和进行跨州经费资助及整合、协调资源，保证项目有序良性进行。五是财政大力支持农业科技协同创新，美国政府通过财政项目支持建立专业的审核管理机构和研究推广机构，以推动农业科技创新能力的整体提升，有助于农业科技推广发展[5]。实施农业部小微企业创新研究、环境保护创新拨款等多种特色资助计划，资助州政府、高校、科研机构、小微企业等研究和发展项目，目的在于促进农业技术创新，有效提高财政资金使用效率。六是持续完善法律制度，为农业科技创新发展提供稳定保障，美国政府多次出台相关法案，如《莫里尔法》《史蒂文森—怀德勒技术创新法》《联邦技术转移促进法》[6]，对农业科研、农业教育、农业技术推广及知识产权等多方面做出基础性规定，加大政府对农业科技创新发展的支持力度。

二、英国农业科技协同创新的做法与经验

英国位于欧洲西部，地势东南低西北高，农产品主要有粮食（小麦、大麦）、肉类、奶制品、油料作物、蔬菜等，东南部为平原，土地肥沃，适于耕种，主要发展种植业，约占农业总产出的 40%；北部和西部多山地和丘陵，雨水较多，草木茂盛，主要发展畜牧业，占农业总产出的 60%[7]。英国全境河流密布，国土面积为 24.41 万平方千米，其中耕地面积为 608 公顷，人均耕地面积为 0.1 公顷，农业生产属于人多地少的类型；有永久性牧场 1 105 万公顷，畜牧业高度发达，经营规模大、机械化水平高、专业化和社会化程度高。1994 年，英国农业人口为 104 万人，农业经济活动人口为 51 万人，占经济活动总人口的 1.8%[7]，农业在英国生产总值中所占比重不到 1%，此比例在所有发达国家中最低。虽然农业在英国国民经济中的地位不突出，且呈逐年缩小的趋势，但优越的自然环境和现代的农耕技术，加之政府对农业环保的重视和采取有效措施，使生产率达到了相当高的水平，为农业可持续发展奠定了坚实的基础。据统计，英国 1% 的农业劳动力就能生产全部所需的 60% 的农产品，每年为全国提供全部粮食需求的 55%，以及所需产品的 80%[7~8]。

具体做法与经验如下。一是将农业科技发展置于国家战略高度，以国际农业技术创新需求为导向。19 世纪下半叶，英国剑桥大学开展了产学研合作，并探索出"高校+企业"的产学研协同创新模式。剑桥大学周边聚集了 1 000 多家科技创新公司，剑桥大学依托自己的生物科学、物理学、计算机技术等方面的研究为高科技公司提供技术。在此基础上，英国环境、食品和农村事务部负责农业科研成果的推广工作，也采取了各类研究机构和高等院校协同合作的方式。英国政府深刻认识到农业科技对英国农业发展的重要意义，并将农业技术创新的知识来源和服务市场始终面向世界，同时还把农业科技水平作为制定农业战略、政策的重要依据和实现英国农业政策目标、满足农业政策需求、评价英国农业政策质量的重要工具和评价指标，并以此促进英国农业技术创新和国际农业政策制定，尤其致力于自然资源保护和利用、海洋和沿海环境保护、农村经济和农村社区发展、气候变化与环境危机、可持续农业和食品业等方面关键技术的攻关。二是制定农业发展战略计划，确定创造世界一流水平的农业科技发展目标。一方面，英国环

境、食品和农村事务部通过制定《英国农业科学与创新战略（2003-2006 年）》
《农业环境建设方面的投资计划》《有机物耕作计划》《环境保护计划》《农村
林地奖励计划》《农村企业资助计划》《能源作物计划》《农产品加工与市场开
发奖励计划》《农民职业培训计划》《支持条件艰苦地区的补贴计划》等战略和
计划，从经费投入、农民培养、打造企业创新主体等方面，推动农业科技创新发
展；另一方面，建立了农业科技质量保证体系，通过开展对农业科研成果的国
内、国际最优秀农业科学家同行的评价，提高科技投入的透明度，从而保证科研
成果的质量，以确保农业科研成果达到世界一流的质量与水平。三是出台专项科
学计划，鼓励并激励农业科技协同创新。例如，1997 年由贸工部、工程和物理科
学研究理事会出台了"法拉第伙伴计划"，鼓励科学、工程和技术研究机构与产
业界密切联系。"遗传合作伙伴组"就是将英国著名的遗传学技术研究机构（如
罗斯林研究所、爱丁堡大学等）与家禽养殖、动物健康等产业界密切联系起来，
共同改进和协调遗传学技术的应用。1986 年英国农业、渔业和食品部（英国环
境、食品和农村事务部的前身）设立的"可持续畜牧生产联系计划"就是政府通
过项目的方式推动公共研究机构与农业企业进行合作研究的主要机制[9]。

三、日本农业科技协同创新的做法与经验

日本的国土面积为 37.8 万平方千米，仅占据世界陆地面积的 0.27%，由北海
道、本州、四国、九州四个大岛及其他 6 800 多个小岛屿组成，2020 年，日本约有
1.26 亿人，占世界总人口的 2.11%[10]。日本平均每平方千米有 329 人，其中农业人
口众多，以小农生产经营模式为主[11]。尽管日本自然资源短缺，人地矛盾突出，
但农业现代化水平和集约化程度居世界前列，尤其具有战略意义的粮食作物——
大米自给率可达 100%。不仅如此，农业科技协同创新实现了一系列农业重大科
研成果，如鳗鱼的全程人工养殖、放射性污染土壤的清除技术、预防青椒花叶病
的植物病毒疫苗、稻米垩白分析仪、可抵御根肿病全系列菌种的病害抗性品种
"迎秋"等，打造了由大学、企业、科研机构、协会构建的高效的农业科技协同
创新体系。

具体做法与经验如下。一是发挥政府导向作用，打造农业科技协同创新平
台，促进技术链与产业链双向融合，推动农业科技市场有序健康发展。政府将农
民的需求及时向科研部门反映，通过给予各级农业合作社或农民协会财政支持，
将科研成果向农民推广，这极大提高了农业科技创新成果转化率。二是颁布系列
法律政策支持农业发展，颁布《农业基本法》[12]，从流通、价格和生产方面提高
土地和劳动力利用效率，促进农业科技创新和技术成果转化应用，为农业科技协

同创新提供制度保障；出台《专利法》《防止不正当竞争法》等系列法律保护农业科技创新成果，有助于调动科研工作者创新的积极性[13]；颁布《农业协同组合法》，明晰农业协同组合（简称农协）的功能定位[14]，以农业协会为纽带，将农民纳入由农业大学、农业试验场、中央农业研究机构、农业协会、农业专家和研究员组成的农业科技协同创新体系，让农民成为农业科技协同创新体系的重要主体，实现从农业生产计划、农业研发到农作物栽培的全程科学化。三是保证农业科技投入经费充足，农业科研经费占农业生产总值比重一直都保持在较高水平。四是形成以政府为主导、民间协调的农业科技服务推广体系，其中，政府主导的科研院所和农技推广中心负责向农民推广农业生产阶段适用的技术，并提供相应服务，而农户自发组织的农协则专门为畜产、园艺、销售等特定领域服务。五是大力开展农业人才培养，为农业科技协同创新提供智力资源，通过农林水产学校、农业大学、国立综合大学农学部及普通高中开设的农业课程等，培养农业管理、科研及各类专业技术人才。日本政府在农业人才培养方面投入大量资金，鼓励和支持农业人员参与培训，举办农业交流会等，为农业人才的成长奠定了基础。六是以科技型中小企业金融公库、商工联合金融公库、国民金融公库为代表的政策性银行、政府性金融机构，由信用金库、地方银行、劳动金库、第二银行等组成的民间金融机构，为农业科技成果转化提供了融资渠道[15]。七是加强农业产学研紧密合作，日本各级政府在农政部专门设置普及教育部，以协调各地区农业科研机构和农业大学之间的交流，确保农业科技信息能够在各部门之间及时传达。颁布人员互派等制度推动企业与大学合作教育，集中建立改良普及中心、农业科研试验中心等农业科研机构，方便科研人员之间的技术交流[16]。

四、韩国农业科技协同创新的做法与经验

韩国农业耕地面积仅为国土面积的 22.7%，自然资源禀赋的有限性及农业人口的短缺，使得韩国一直都将农业现代化视为立国根基之一。经过多年努力，韩国的农业耕作与管理已实现机械化、电气化、信息化、现代化。其中，主要粮食从耕作到收获、园艺作物设施育苗过程和栽培环境调节及水果、蔬菜、农畜作物等产品收获后加工环节，均已实现机械化或自动化，农业现代化几乎与日本同步实现，成为"东亚奇迹"[17]。

具体做法与经验如下。一是不断创新制度供给，为农业科技协同创新提供制度保障，通过变革农地所有权制度、农业经营制度，保护有限耕地资源，提高农业人力资本，为农业科技协同创新给予制度保障。二是成立农村振兴厅及各道、

市、郡农村振兴院和农村指导所，构建农业科技协同创新机制，通过农村振兴厅密切关注农业生物技术、畜牧业、信息化发展前沿，在农业研究与开发、农业技术推广应用、农业物料品质管理、农业人才培养相关领域实现统筹协调，提高农业科技协同创新效率。三是推行"农渔村结构改善计划"和"大规模综合农业开发计划"，推动技术链与产业链融合，实现"产+销"产业链的一体化整合。四是夯实农业农村基础设施建设，为农业科技协同创新提供物质保证。韩国政府积极对乡村道路进行整治，拓宽乡村道路和扩大铺路面积，提高耕种道路机械化水平，促进农机具使用效率的提高，并大力加强整理耕地、兴建灌溉和改善排水等生产性基础设施的建设，来预防农业自然灾害，为农业科技协同创新提供物质保证。五是大力提高农业机械化水平，提高农业科技协同创新生产条件。政府通过实行无偿财政补贴、优惠贷款额度、海外协力基金支持，以及扩大农用机具出租事业、给予修理资金补贴、无偿操作技术培训等，推动农业机械化水平。六是打造农业科技协同创新信息平台，加快农村信息化建设。通过制定农业信息化发展战略，加强农业信息基础设施建设，制定扶持农业信息化优惠措施，高度重视信息资源采集与开发[18]，构建农场管理远程咨询系统、农业技术网站、农场技术咨询系统，实现农民与科研双向信息交流，发布病虫害预测信息和农作物长势信息，开展农业技术培训等，提高农业科技协同创新信息化水平[19]。七是以农业协会为纽带，提高服务水平、扩大农业科技协同创新国际交流与合作。政府部门、外部经济组织给予农民协会资格认证和身份认可，对农民协会会员优先给予项目支持，并通过拓展农产品生产链条、融通农业发展资金、畅通农产品流通、购销农业生产资料及农产品等途径为农民提供服务，并加入国际合作联盟和国际农业联合会、亚洲农民合作组织和国际农业生产者联盟，增强了韩国农业的国际发言权。八是高度重视农业教育发展，为农业科技协同创新提供人力资本，通过参观和现场体验及讨论为主的实效培训、举办农业专修学院、开设农业大学农民教育课程、成立农协大学、开展农业经营咨询、设立韩国农业专业学校、开设高级农业经营课等途径，培养农业企业家型、农业技术专家型及既懂管理又懂技术的新型农民，为农业科技协同创新提供人力资本。

五、印度农业科技协同创新的做法与经验

印度是世界农业大国之一，农业已成为其国民经济的重要组成部分。印度国土总面积29 731.9万公顷，位居世界第七，其中耕地面积为16 175万公顷，占国土总面积的54.4%，人均可耕地面积为0.14公顷。印度农业人口数量庞大，而且具有适合农业发展的良好自然条件。农产品中奶产量居世界第一，大米和小麦居

世界第二，羊毛、羊肉、蛋类、果蔬、茶叶、甘蔗、水产品、棉花等产量位列世界前四，总体来看，各农产品年产量都位居世界前列[20]。印度农业发展迅速主要得益于农业科技进步，通过"绿色革命"实现了粮食自给；通过"白色革命"成为产奶大国；通过"蓝色革命"跻身世界渔业十大强国；通过"黄色革命"成为世界最大水果王国和第二大蔬菜王国。印度骄人的农业战绩的取得与高效的农业科技协同创新机制密不可分。

具体做法与经验如下。一是构建农业科技协同创新机制，立足国家农业发展需求，突出基础性、战略性和全局性的研究，打破部门分散的管理格局，建立由中央、邦政府机构与其他机构和组织组成的管理体制，统筹与协调科研、教育和推广等农业科技发展，分工明确、合作紧密、高效运行。二是发挥政府主导作用，建立中央政府占50%，联邦政府占40%，私营部门机构占10%的农业科技协同创新投入体系。确立了政府在农业科技创新发展中的主导作用，有助于资金的稳定投入，保障了农业科技协同创新体系的正常工作。三是高度重视农业人才培养，构筑了结构独特、规模宏大的农业科技协同创新教育体系。20世纪60年代初期，颁布《20年高等教育综合发展规划》和《农业大学示范法案》，保证各邦至少建立一所农业大学，并建设了包括渔业、林业、园艺、兽医及奶业等专业的35所国立农科大学、250个农科类院所、60个农学院、18个农业工程学院、35个动物科技学院、13个园艺学院、18个林学院、19个家政学院、10个奶业技术学院、16个渔业学院、16个食品技术及农业经营类学院等，构成了结构独特、规模宏大的农业科技协同创新教育体系。四是注重国际化农业科技协同创新体系构建，引进、消化、吸收先进农业科学技术[21]。1955年、1959年印度分别组建了两支"印-美研究工作小组"专门从事这方面工作，并与美国的田纳西大学、伊利诺伊大学等签订了了旨在促进印度农业教育、科研和推广的合作协议，并成立了象征印度和美国成功合作的印度第一所农业大学——北方邦农业大学。五是通过启动专门的区域信息技术方案，提高农村地区的互联网普及率，定期派专家到农村为农民提供信息技术指导及服务，为农民提供用于获得农业科技信息的手提电脑，设立农业科技项目保证农村信息化建设资金，在100个最落后地区实施基础设施发展特别计划[22]，大力开展农村公路、农村通信网、计算机互联网建设等，不断夯实基础设施信息化建设，给予农业科技协同创新物质保证。六是发展以大学为依托的农业科技创新推广体系，印度农业大学的农业研究和推广经费已占到全国农业科研经费的51%，农业研究理事会、其他公共和私营机构占49%，农业科技创新推广工作主要由大学负责。印度农业大学几乎都会设置推广部门，学校农业技术推广人员大部分时间都致力于推广工作，教师和科研人员也会利用一定时间参与推广[23]。

六、巴西农业科技协同创新的做法与经验

巴西是传统农业大国，农业在巴西国民经济中占有举足轻重的地位，是巴西的支柱产业，也是巴西外汇收入的重要来源之一[24]。巴西确立了"以农立国"的可持续发展战略。巴西幅员辽阔，资源丰富，发展农业的自然条件非常优越。巴西多数地区地势平坦，耕地和草场面积广阔，可为农业发展提供充足的土地。巴西地处亚热带和热带，湿润多雨，水利资源丰富，有亚马孙、圣弗朗西斯科和巴拉那 3 个主要的水源地，可保证农作物生长对水分的需求。巴西拥有丰富的土地资源、森林资源和海洋资源，国土面积为 851.49 万平方千米，其中 1/3 为平原地区，平原约 230 万平方千米，位居全球第五，耕地面积逾 1.8 亿公顷，农业用地面积为 7 670 万公顷，占可耕土地的 33.5%，优厚的自然资源赋予了巴西良好的农业生产禀赋，为巴西农业发展提供了较好的条件[25]。2013 年，巴西约有 2.1 亿人，农业人口占全国人口的 20%，是世界上重要的农产品贸易国之一，作为世界第二大转基因作物种植国，转基因作物种植面积达 4 220 万公顷[26]。同时，巴西的柑橘、冷冻浓缩橙汁、甘蔗和咖啡产量居世界第一。大豆、生物燃料产品、玉米、烟草、家禽、牛肉等在国际市场上也具有很强的竞争力，巴西在短时间内成功解决了粮食安全的问题，取得了世界瞩目的成绩，成为国际农业科技舞台上一支重要的力量，在农业生物技术、生物燃料等方面的科研水平处于国际领先地位，是世界上农、林、牧、渔各业全面发展的少数国家之一。

具体做法与经验如下。一是颁布法律和制定科技计划，为农业科技协同创新提供保障。20 世纪 90 年代以来，巴西先后制定了"国家科技发展五年计划""五年科技发展战略""里约计划""新千年研究所计划""国家知识平台计划"，以及颁布了《科技进步法》等法律文件，优化科技力量和科技资源配置，加强原始性科技创新和战略性技术研究，缩短科研成果转化的周期，培育和提高企业自主创新能力，如巴西农牧业研究公司培育出 100 多个适合巴西自然资源和气候特点的大豆新品种，从而完全摆脱了对美国大豆品种的依赖[26]。二是充分利用国内国际两种资源，开展农业科技协同创新。1998 年发起"全球农业科技战略计划"，瞄准国际科技前沿，在中国、美国、法国、荷兰等国建立联合实验室或联络办事处，有效协调利用国内国际两种资源，开展遗传资源、食品安全和纳米技术，以及农业经济、自然资源和食品技术、生物技术和环境与食品技术、动植物种质资源交换、农业可持续发展、生物防治、水果保鲜等方面的农业科技协同创新合作，如 2011 年 4 月在中国农业科学院建立了中国-巴西农业科学联合实验室[27]。三是鼓励科企结合，强调绩效评估，一方面，完善风险投资机制和加大银行对农业发展的支持力度，积极吸收私营企业和私人资本，促进高科技向产业

转化；另一方面，巴西在国有科研机构中实施绩效评估机制，在科研经费和科研立项、人员聘用上赋予科研机构自主管理权，鼓励产学研相结合。四是加大农业科技立法，建立农业科技投入长效机制，巴西先后颁布了《创新法》《科技进步法》等法律文件，规定国家对科技的投入须保持每年 5%的增长率，为农业技术开发和市场化提供了法律依据，极大地促进了农业技术创新和生产率的提高，使巴西迅速走上了农业现代化的道路。五是建立多种不同类型的农业合作社，实现生产、服务和供销一体化。一方面，大力构建供销合作社、渔业合作社和农村电气化合作社等类型合作社，其中，供销合作社主要为农民供应生产资料，提供生产技术、市场信息、经营管理咨询、技术培训，以及农产品分级、包装、仓储、运输、销售和出口等服务；渔业合作社主要致力于帮助渔民购置渔业机械设备等生产资料，发展渔产品的冷冻、加工、运输和销售，以及组织技术培训；农村电气化合作社则主要是帮助集资修建供电设施，负责管理农用电的收费和征税，推动地区性的经济开发，改善农民的生产和生活条件。另一方面，农业部和各州都建立了支持合作化的机构，并出台了农业合作化政策和发展计划，推动农业合作社成为集生产、加工、仓储和贸易于一体的大型农业产业集团，形成农业科技协同创新产业链[28]。

七、丹麦农业科技协同创新的做法与经验

丹麦地处北欧，历史悠久，国土总面积约 4.3 万平方千米，其中耕地面积为 2.71 万平方千米，仅占世界可耕地面积的 0.18%，但丹麦的农产品产量占据世界食品市场总量的 3.1%[29]。丹麦农业现代化高度发达且特色鲜明，在国际市场上具有很强的竞争力。丹麦农业主要有种植业、畜牧业、渔业和农产品加工业，其中畜牧业占主导地位，畜牧业产值占农业总产值的 70%以上，农民的 70%的收入都来自畜牧业[30]。丹麦作为"养猪王国"举世闻名，出口量世界第一，养猪业作为国民经济和对外贸易的支柱产业，已形成集约化、规模化、产业化的全猪生产链[31]。以猪肉、咸肉、鸡蛋、奶酪、黄油、牛肉等近 70%的农产品与世界 175 个国家进行国际贸易，为 1 500 万人提供食物供给，以占世界人口万分之一的农业人口和占世界 0.18%的可耕地面积，实现了以"1 个丹麦"养活"3 个丹麦"的奇迹[30]，具有"欧洲食厨"的美誉[32]。为确保在国际市场上农产品出口的领先地位，丹麦构建了集研发、生产、推广、教育于一体的农业科技协同创新体系。

具体做法与经验如下。一是以农业研究联合委员会为载体，构建农业科技协同创新机制，将政府、研究机构、农民协会的资源进行整合，密切关注农业及产品加工业最新发展动态，提高农业科技协同创新研发效率，推动具有重大意义的

开发性项目的实施。二是以全国农业顾问中心和农业咨询服务中心为载体，将皇家兽医和农业大学、各应用技术研究所、农业技术人员、农民、家庭农场高效链接，构建农业科技协同创新体系，促进研究成果、技术信息和管理方法等知识资源的生产、流动、转移，历时一年一项农业新技术就可以完成推广及应用。三是以合作社为载体，保障农业科技协同创新组织管理，从研究开发、基础生产到农副产品加工、销售，推动产业链与技术链双向融合。丹麦的农民合作社是由农民自发组织和参与的，平均每个农民会参与 3~4 个合作社，合作社主要负责农业技术推广、科研技术研发、市场销售等环节。四是以"实用弹性教学"和"一周农校课程班"等为载体，构建完备的农民教育培训体系，培养专业的农民技术人员、农场经营管理者、农场主，为农业科技协同创新提供不同层次的智力资源。目前已经形成较为完善的农业教育体系，在丹麦必须接受农业教育体系的学习，获取农业毕业证书（绿色证书），才有资格获取购买 30 公顷以上的土地。五是以政府科研机构为主的农业研发机构，丹麦政府非常重视农业科研发展，把农业科研看作农业高质量发展的重要条件。通过加大农业科研机构、高等院校等研发机构的科研经费，推动农业和农产品加工业发展。丹麦农产品销售主要依靠出口，因此丹麦为在国际市场上处于领先地位，大量投资农业科研和产品研发。据统计，丹麦从事农业科研的人才已超过万人，农业部门和相关机构每年也会设立数百个科研项目[33]。六是打造农业品牌化发展。丹麦正致力于把有机农业变为国家的名片，政府制定《2020 年有机食品行动计划》，鼓励和支持农户和农场主生产研发更多有机食品，幼儿园、学校、医院、政府单位等食堂要变为"有机食堂"。七是重视农业资源高效利用。在处理农业废弃物时会选择回收再利用，如将动物粪便通过沼气发酵后再用于农业生产，既减少了植物病害发生的可能性，也提高了粪肥的使用效率；将部分秸秆和动物尸体通过化学方式做成生物汽油，这在一定程度上代替了一次能源的使用。

八、荷兰农业科技协同创新的做法与经验

荷兰位于西欧北部，国土狭小，面积 41 528 平方千米，2020 年，荷兰人口为 1 740 万人，农业人口占 5%，资源贫乏，牧场与耕地 193 万公顷，人均耕地仅为 0.06 公顷，是人均耕地最少的欧洲国家。但荷兰土地集约程度高，全国有 70%的土地用于农业生产，其中草地农业占 60%，园艺农业占 6%，粮食作物农业占 34%，是世界闻名的第二大农产品出口国，仅次于美国[2]。其在动物福利改善和农业技术创新方面也一直处于世界领先地位，全国耕地 70%以上都用来栽培作物[34]。随着对食品安全、环境污染和动物福利保护关注程度的不断增加，以及面

临的家禽新兴出口国竞争压力的与日俱增，荷兰等欧盟国家颁布了对笼养蛋鸡全面禁止的法律规定[35]。瓦格宁根大学作为唯一一所由荷兰农业、自然及食品品质部直接拨款的大学，是荷兰农业科技创新系统中的主要力量。为推动家禽养殖产业可持续发展，应对家禽业规制变动所带来的新需求，一项名为"护养母鸡"（keeping and loving hens，荷兰语为 honden van，hennen）的农业科技协同创新研究项目[36]应运而生，主要由动物科学研究中心牵头开展，该项目是基于动物福利保护、农户理想工作条件和养殖环境建立、企业社会责任提升等层面而实施的"Rondeel"饲舍系统及系列创新方案。"快乐的母鸡，骄傲的农户和满意的公众"已成为"Rondeel"系统的建设理念和"企业社会责任"履行者的标杆，"Rondeel"相继获得荷兰动物保护协会"Beter Leven"三星福利价值的最高认证和环境友好型产品商标"Miliekeur"的使用权，Rondeel 鸡蛋也因此赢得市场认可，被评为"最好的鸡蛋"，成为阿姆斯特丹超市中售价最高的鸡蛋［2.46 美元/箱（7 只装），4.22 美元/箱（12 只装）］。Rondeel 已成为荷兰农业协同创新成功的典范，并得到荷兰等多个国家的认可。

具体做法与经验如下。一是形成以国际知名的科学研究组织瓦格宁根大学动物科学研究中心、商业公司、南方农民协会、动物福利及企业社会责任咨询机构和荷兰地方及中央政府为主体的、功能互补的农业科技协同创新体系，推动技术链与产业链双向融合，实现家禽业创新系统的产业化和商业化。二是基于技术、工程和工业设计及市场认同和社会可接受性问题，构建协同创新平台，组建技术委员会，协同推动技术成果产业化。三是建立商业公司运营机制，实现商业化投资，降低投资风险和成本，争取市场准入。四是发挥政府创新支持项目、行业专业中介服务公司的"创新经纪人"作用，搭建创新网络和交流平台，进行沟通协调、信息共享和战略咨询等创新中介服务，促进创新资源优化配置，降低创新产业化推广成本和风险。五是高度重视高素质农民的培养，大部分农民都接受过专业学校的培训，且有部分农民拥有大学本科及以上学历，能够熟练地掌握现代农业科学技术和知识。荷兰政府每年对农业科技创新方面的投入经费为 30 多亿荷兰盾，极大地促进了农业科技协同创新的发展进步和推广应用[37]。

九、新西兰农业科技协同创新的做法与经验

新西兰位于太平洋西南部，介于赤道和南极之间，由南岛、北岛及一些小岛组成，国土总面积约为 27 万平方千米，水域面积占 2.1%，新西兰人少地多，牧场尤其辽阔，全国人均占地 3.8 公顷。境内多山，山地和丘陵占其总面积 75%以上[38]，土壤差异大，以火山灰土为主，只有 3%的土地属于肥沃的精华土地[39]。

新西兰属温带海洋性气候,四季温差不大,但年降水量大,水资源丰富,植物生长十分茂盛,森林覆盖率达 29%,国土面积的一半为天然牧场或农场,新西兰作为绿色王国拥有广袤的森林和牧场[38],被誉为"世界最后一块净土",整个国家除道路、房屋建筑外几乎都被树木、草、水面覆盖,是世界上有机农业发展最好的国家之一。新西兰农业以畜牧业为主,畜牧业产值占农业总产值的 80%左右,从事畜牧业的人口约占农业人口的 80%,是世界上人均养羊、养牛数量最多的国家。新西兰一半以上农场为家庭农场,其 3/4 农场劳动力为农场主及其家庭成员,且高度机械化、专业化、经营集约化,3/4 的农场以经营某一产品为主,但家庭农场的规模比美国的要小,只有澳大利亚的 1/10 左右,平均规模为 538 公顷。新西兰作为农业净出口国,是世界上少数几个依靠农业立国并进入发达国家行列的国家,主要贸易伙伴是澳大利亚、亚洲、美国及欧洲地区,奶制品、猕猴桃、木材、白葡萄酒是新西兰出口的标志性产品,增长势头不减,其最重要的出口产品是羊毛、肉类、奶制品、皮革等畜产品,出口值占出口总值的 4/5 以上,出口量居世界第一位的为羊肉,出口量居世界第二位的为羊毛,其中新西兰的羔羊肉、羊毛、牛肉和小牛肉主要向欧洲、中国、美国出口,而德国和其他欧洲国家是新西兰鹿肉的主要出口地。韩国和中国香港地区是新西兰鹿茸的主要出口地,欧盟地区和日本是猕猴桃的主要出口市场[40]。新西兰是目前发达国家中唯一一个没有对农业提供任何直接补贴,与其他产业一样征收商品税、收入税的国家,即使这样,新西兰农业仍然保持了较强的竞争力[41]。

具体做法与经验如下。一是农业主导产业鲜明且坚实,有力地推动了农业科技协同创新。新西兰形成了以奶牛养殖为主,以绵羊、鹿养殖等为补充的畜牧业主导产业,以及以猕猴桃、葡萄种植为主的果品业,以辐射松和花旗松为主要品种的松树用材林林业,这些主导产业特色鲜明,推动了新西兰在牧草品种选育、牲畜良种培育、轮牧方式、牧草施肥、挤奶设备、电围栏、奶制品加工、农产品质量安全信息化系统、猕猴桃种植、葡萄酒品种选育和加工、鹿的饲养及产品加工等领域的农业科技协同。二是加大农业管理体制改革力度,形成农业生产、加工、销售一体化的农业科技创新管理体制,一方面采取取消补贴、减少干预、精简机构、优化服务、完善市场化机制等一系列措施,加大农业管理体制改革力度;另一方面成立新的农林渔业部,统筹政府各部门间的管理职能,避免各职能的交叉、分散、重叠。此外,农业类研究院所变为由皇家研究院进行管理,并进行公司化管理制度改革,实行董事会制度下的首席执行官(chief executive officer,CEO)负责制,且所有相关科研费用必须通过竞争方式向科技研究基金会申请或由其他社会力量投资。三是构建完善的农业科技创新体系,为农业科技协同创新提供支持。新西兰构建了以致力于开展农业基础性研究、应用基础性研究、重大高新技术研究、重大关键性技术研究和实用性技术开发为战略目标,包括农业科技研发系统、农业科技推广系统和农业科技教育培训系统等的农业科技创新体系,为农业科技协同创新提供全方位的支持[41]。四是大力推动行业成立行业委员会,形成农业科技协同创新的产业联盟。行业委员会作为独立于政府机构之外、依法成立的、代表公众利益的机构,推动了企业与企业、合作社与合作社的兼并重组和协同,从而形成农业科技协同创新高效运行的产业分工与合作[42]。五是培育全国性农业龙头企业,打造农业科技协同创新主体。例如,为推动新西兰奇异果产业发展,成立了全国性农业龙头企业——佳沛新西兰奇异果国际有限公司,并通过旗下的佳沛公司,整合资源,开展生产、科研、销售、资本运营方面的协同创新。六是通过市场化实现农业科技协同创新。以农业改革为重点推动新西兰经济改革,建立公平的竞争环境,农业研究所只能向研究科技基金会申请科研经费,而且农业研究所在行政归属上完全自主,调动了农业类研究所积极性,推动了农业科技协同创新[43]。

十、意大利农业科技协同创新的做法与经验

意大利位于欧洲南部地中海沿岸,地域包括亚平宁半岛和半岛以北的大陆部分,以及西西里岛、撒丁岛等岛屿,除波河平原外,其余部分多为山地和丘陵,农业经济的发展在很大程度上取决于山区经济的发展,山区经济的地位可谓举足轻重。此外,意大利气候特征除大陆部分外,其半岛部分属于典型的地中海式气候,夏季炎热干燥,冬季温和多雨。由于平原和河谷较多,加之属于典型的地中海气候,十分适合农作物生长,现已成为欧盟的农业大国,排名仅次于德国和法国。全国现有可耕地面积1 200多万公顷,森林面积约930万公顷,牧草地面积约510万公顷[44],其中,耕地地块零碎,农场规模小,是意大利农业区别于其他发达国家的显著特色。意大利的葡萄、苹果、桃、梨、草莓、樱桃等皆享有盛名,主要农畜产品有小麦、稻米、玉米、甜菜、葡萄、柑橘、油橄榄、番茄、马铃薯、百叶菜,以及牛、羊、猪、鸡等[44~46]。意大利是联合国粮食及农业组织、世界粮食计划署和国际农业发展基金三大联合国粮农机构总部所在地,能够准确把握国际粮农形势并较直接地影响国际农业政策、参与国际标准和规则的制定[47]。因此,意大利是欧洲最大的稻米出口国,也是欧盟中水果、蔬菜出口大国之一,还是欧洲最大的有机食品生产国,在全球仅次于美国。

具体做法与经验如下。一是科学合理规划、大力发展农业有机特色产业,为农业科技协同创新提供坚实的产业基础。意大利通过推行"生物多样性计划",设立不同的基金项目发展特色有机农业,有机农业面积达到104万公顷,且具有鲜明的地域特色,其中40%种植饲料,16%为牧草地,9%种植大麦、小麦、水

稻、玉米等谷物，19%种植柑橘、苹果、桃子、梨等果树和橄榄树，6%为蔬菜和工业原料作物。70%的有机农业集中在意大利南部西西里岛和撒丁岛，12%在中部，18%在北部[48]。例如，以小麦、玉米和水稻为主的谷类作物主要集中在意大利北部的波河流域，葡萄和橄榄等经济作物主要种植在中南部亚平宁山脉的丘陵地带，而西西里地区则盛产柠檬和柑橘，也占据很大的经济比重，居欧洲第一，而在伦巴第和艾米利亚—罗马涅两个大区则主要发展生猪养殖业。正是各区域立足资源禀赋和优势，合理规划，以机械化、专业化和集约化，大力发展农业有机特色产业，从而为农业科技协同创新提供了坚实的产业基础[48]。二是大力发展农业教育，为农业科技协同创新提供人才保障。意大利构建了农业高中、农业技术学校、农业专科学校、大学农学院不同学历层次的农业教育体系，保证了农业科技协同创新对农业技工、农业技师、农业专家、农业领军人才不同层次人才的需求[49]。三是完善社会化服务系统，为农业科技协同创新顺利发展提供保证。一方面，构建全国研究委员会系统、大学系统、农业部系统，加大政府对科研、技术改造及农业教育部门的农业服务；另一方面，从国家和各省层面设立农业联合会，为农民提供农业先进技术、市场、农业机械、仓储等服务。此外，建立耕地合作社、饲养合作社、葡萄合作社、农药喷洒合作社、信息合作社、农产品加工运输销售合作社等多种类型农业合作社，整合资源，为农民提供一体化服务[50]。四是多措并举，构建农业科技协同创新推广机制。一方面，积极争取欧盟资金，推动农户或农场主推广农业技术，并对农业新技术的推广和应用及产业化、品牌化给予资助鼓励；另一方面，加大力量建立农业协会，并积极推动政府与农业大学、研究院协同创新，实施联合技术攻关[51]。

十一、以色列农业科技协同创新的做法与经验

以色列位于地中海东岸，沿海部分为平原，南部大部分是沙漠半沙漠地区，约占国土总面积的三分之二[52]。以色列是世界上人均占有水资源较少的国家之一，90%的国土是丘陵和沙漠，土壤多为沙土和灰钙砂砾土，土地贫瘠，可耕地面积不足 20%，且一半又必须经过灌溉才能耕种[53]。然而，面对恶劣的自然环境，以色列农业却以 265 320 公顷的耕地面积和占总人口不到 5%的农业人口[54]，在 2013 年创造了产值高达约合人民币 460 亿元的农业产业，占全国总值的2.4%，农产品出口占总出口的 2%[54]。农产品不仅能够自给自足，还能大量出口欧洲各国，被称为欧洲的"菜篮子"，且以色列的生物育种技术、沙漠温室、滴灌技术、生物综合防治技术、农产品的单产量及其加工技术、农业机械及成套设备技术均处于世界先进水平[54]，农业滴灌技术更是举世闻名，出口到 80

多个国家,以滴灌技术为主的水技术出口达 7 亿美元[55]。

具体做法与经验如下。一是发挥政府积极有效的干预作用,形成由公益性研究机构、农业科教机构和涉农企业与民间科研机构组成的多层次农业科技协同创新体系,并予以农业科技协同创新政策、资金保障,每年的农业科研经费总量超过 1 亿美元,占农业总产值的 3%左右[56]。二是组建由首席科学家办公室、农业科技管理委员会、研究机构和大学三个层次组成的科研计划管理体系,保障农业科技协同创新科研运作的内部控制。全国有 30 多家农业科学研究机构,从事农业、植物保护、动物繁育、土壤、节水滴灌等多领域的基础性和应用性研究。三是发挥政府扶持和引导作用,打造由涉农企业、农业科教机构、公益性农业研究机构、农业民间科研机构、农民合作社组成的农业科技协同创新体系。四是建立一套由政府部门、科研机构和农民合作组织组成的"无缝隙"推广体系,实现农业科技研发机构的密切联合、农业科技研发与技术推广的有效衔接、农民教育培训与农业技术推广的有机结合、多层次农业技术推广服务的社会化整合,促进农业科研项目与农业生产实践的互动、转化、应用及产业化,为农业科技协同创新提供组织保障[57]。五是以生产需求为导向,实施农业科技协同创新战略,长期致力于农业生产投入品开发、生物工程技术、节水技术等产业共性、关键技术和前沿技术的攻关、集成和示范研究。把农业物流网和互联网结合,形成大数据管理的精准农业体系。通过电脑或手机可以对农业设施实行远程管理,还可通过传感器监控数据实时了解植物、动物的生长情况,极大地提高了生产效率和降低了生产成本。六是以市场为抓手,推动"基布兹"集体农庄、"莫沙夫"合作社、"莫沙瓦"个体农场等农业生产组织企业化经营,"莫沙夫"合作社是一种互助合作的体系,使农业在生产、加工销售等方面达成一体化发展,有利于农业生产的专业化。七是注重水资源的合理开发和有效利用。以色列政府将节约用水作为一项基本国策,并在 1955 年制定了《水法》,对水资源开发权、使用权、管理权、水费征税等多方面做了明文规定,还颁布了其他关于水资源利用的法律法规,为政府处理涉水事务提供了法律保障[57]。在水费管理上实行了严格的奖励和惩罚措施,设立水资源委员会,专门负责管理水资源的定价、监管,对农业水费实行阶梯价格,激励居民减少用水和浪费行为。

十二、西班牙农业科技协同创新的做法与经验

西班牙地处欧洲西南部的伊比利亚半岛,地处欧洲和非洲交界处,北濒比斯开湾,西邻葡萄牙,南隔直布罗陀海峡与非洲的摩洛哥相望,东部和东南部则靠近地中海,境内多山和高原,是欧洲多山地国家之一。西班牙的气候非常多样,

内陆部分属典型的大陆性特征,北部和西北部是海洋性气候,南部及地中海沿岸地区属于干燥的地中海气候,正因为西班牙这种极具差异性的地理环境和气候状况,催生了西班牙丰富而多样的农业品种资源。西班牙国土面积为 50.6 万平方千米,2020 年,西班牙总人口数为 4 710 万人,其中农村人口数为 778.2 万人[58]。西班牙从 1974 年开始生态农业种植,并在 2008 年成为欧洲有机农业种植面积最大的国家[59]。截至 2020 年,西班牙有机农业种植面积仍处于欧洲前二[60]。西班牙作为欧洲传统的农业国,全国耕地面积 1 804 万公顷,耕地面积占总面积的40%,牧场草地占 23%,林地占 32%[61]。西班牙灌溉技术发达,共有 360 万公顷的灌溉土地,占全部耕地的 20%,居欧洲国家第一位。在西班牙 50%的灌溉土地都有滴灌,节水效果非常明显,90%的柑橘采用滴灌方式,葡萄和橄榄树的滴灌面积也有近 1/3,使得这些作物在年降水 200 毫米的半干旱地区也能取得丰收。西班牙农业产值占国内生产总值的 3.7%,种植业占农业生产总值的 50%左右,主要作物有谷物、棉花、水果和蔬菜。谷物占了一半的耕地面积,以小麦、大麦和玉米为主,其产值约占农业总产值的 1/6。棉花产量在欧盟中仅次于希腊,约占欧洲棉花总产量的 1/4。水果和蔬菜是西班牙比较重要的作物,果蔬输出在全球仅次于中国和美国,有"欧洲菜园"之称。西班牙是世界上最大的柑橘和橄榄油出口国,西班牙也被称为"橄榄王国",是世界上第一个生产和出口橄榄的国家。西班牙蔬菜年产 1 200 万吨,是欧洲第二大生产国,主要生产洋葱、马铃薯、番茄、辣椒。此外,葡萄酒、猪肉等出口也位居世界前列,西班牙火腿享誉全球。西班牙畜牧业占农业总产值的 40%,是仅次于美国、澳大利亚的全球第三大牧草出口国和仅次于美国的第二大苜蓿出口国,是阿联酋苜蓿的第一大供应商。西班牙森林覆盖面积 1 500 多万公顷,约占国土总面积的 32%,主要树木为栓皮栎树。西班牙是欧盟中的渔业大国,也是世界远洋渔业强国,拥有欧盟中最大的渔船队,有捕捞船只 1.4 万多艘[58, 59, 61]。

具体做法与经验如下。一是营造欧洲最宽松的生物科技发展政策环境,为农业科技协同创新提供良好的外部环境。与欧洲其他国家相比,西班牙的政策环境相对宽松,是欧洲唯一允许转基因玉米商业化种植的国家,极大地激励了政府和农业企业投入、科学研究和产业发展的协同创新。二是政府建立公共技术平台,促进农业科技协同创新资源整合。通过建设国家蛋白组学研究所和国家生物信息学研究所等技术平台,有效地促进了生物科技资源的整合,提高了服务效率,进而加速了农业科技协同创新的发展[62]。三是大力发展农业社团组织,多层面为农业科技协同创新提供服务。例如,为大力发展生态农业,除中央政府成立了名为西班牙生态农业协调委员会的专门机构外,还在各自治区设立了相应机构,并先后建立了生态农业协会联盟、生态农业生产者与消费者合作协会、健康生命协会、生态农业协会、生态农业教育中心等社团组织,多层面为农业科技协同创新提供服务。四是构建类型多样的农业合作社体系,有力地推动了农业科技协同创新。农业合作社在西班牙经济社会中占有重要地位,西班牙专门制定了《合作经济组织法》,构建了酸类水果种植合作社、农业与环境保护合作社、纯种子培植合作社、灌溉和地下用水合作社、农村金融合作社、产品仓储包装销售合作社、产品加工销售合作社等类型多样的农业合作社体系,在新技术推广、品种改良、质量认证、病虫害防治、栽培技术指导、出具原产地证书等方面有力地推动了农业科技协同创新[63]。

第二节　国内典型地区农业科技协同创新的做法与经验

顺应现代农业科技发展需要及国家战略要求,各地区积极进行全方位、多样化的农业科技协同创新实践,如组建代表国家水平的"现代农业装备与技术协同创新中心";实验室主要由国家重点学科及国家重点实验室、国家工程研究中心和教育部重点实验室、国家工程实验室组成,比例分别为100%、60%、50%,主要来自浙江大学、江苏大学、中国农业大学、华南农业大学 4 所高校,中国农业机械化科学研究院、农业农村部南京农业机械化研究所 2 个研究所,中国一拖集团有限公司、潍柴雷沃重工股份有限公司 2 家行业名企;教育部首批认定的"小麦玉米周年高产高效生产协同创新中心",由山东大学、河北农业大学、青岛农业大学 3 所农业大学,中国科学院和山东省农业科学院 2 家科研院所,山东省 2 家种业龙头企业组成;江西省首个"2011 协同创新中心"暨"猪牛羊良种培育及高效扩繁协同创新中心",则由江西农业大学、中国农业大学和内蒙古大学 3 所高校,中国科学院昆明动物研究所、新疆农垦科学院 2 个科研院所及大型畜牧企业组成;"食品安全与营养协同创新中心",由东北农业大学、江南大学、南京农业大学及科研院所组成;"中原经济区小麦—玉米高产高效协同创新中心"组建的目的在于从技术和人才层面,为中原经济区的粮食作物持续稳定增产和国家粮食战略工程顺利实施提供技术和人才支撑,主要由河南农业大学等 3 所大学,北京、河南的 3 家种业企业,以及河南省农业农村厅、农业科学院组成;"北方农业现代化中心",由东北农业大学通过"北菜南运"露地绿色蔬菜生产基地与大庆市人民政府开展合作,形成"五位一体""政府+学校+企业+合作社+农户""校地联动、团队挂职、覆盖乡镇、全面服务"的农业协同创新模式,多方汇聚国内外优质资源,积极推动"政、产、学、研、用"的大联合、大协作农业科技协同创新[64]。此外,"玉米水稻小麦生物学协同创新中心""农业高效用水协同创新中心""生猪健康养殖协同创新中心""大豆油菜棉花生物学协同创新中心"也相继成立,积极进行农业科技协同创新的实践与探索,其中具有代表性的典型地区农业科技协同创新机制主要有以下几种。

一、吉林农业科技协同创新的做法与经验

吉林省地貌形态差异明显,东部山地分为长白山中山低山区和低山丘陵区,中西部平原分为中部台地平原区和西部草甸、湖泊、湿地、沙地区;属温带大陆性季风气候,光、热、水条件可满足全年作物生长需要。吉林省是我国重要的工业基地和商品粮生产基地,农业资源丰富,其农作物以玉米和水稻为主,还分布着葡萄、桔梗、苹果梨、薇菜等食物资源和人参、灵芝、红景天等药物资源[65]。吉林省作为全国重要的粮仓基地之一,其农业发展状况关系着整个国家的国计民生[66],吉林省 2022 年粮食总产量达到 816.16 亿斤(1 斤=500 克),净增量居东北三省第一位。全省粮食单产 940.53 斤/亩(1 亩≈666.67 平方米),在全国粮食主产省份中位列第一①。吉林省典型黑土区耕地面积占全省耕地总面积的 64%,贡献了全省 80%左右的粮食产量[67]。吉林省建设的农业科技示范基地有利于加强现代农牧业建设,推广农业新品种、新技术,开展农民技术培训、帮办农民专业合作社、打造农产品品牌等,为促进农业增效、农民增收发挥重要作用。

具体经验和做法如下。一是深入实施"藏粮于地、藏粮于技",持续加强粮食生产能力建设。依托产粮大县,聚焦"良田、良种、良机、良法"关键环节,谋划提出"千亿公斤粮食生产"工程,坚持走原料基地、生态创优、产品品牌化、运营产业化的创建之路,促进农业科技创新发展[68]。二是设立"黑土粮仓"科技会战大安盐碱地水田万亩示范区,大力实施以盐碱地改良为主的黑土区边际土地利用,开发盐碱化土地粮食增产潜能,创建了一种成本低、可复制、可推广,适宜于吉林西部盐碱地广大水稻种植户的模式。截至 2022 年,全省共改良盐碱地近 210 万亩。其中,大安市当年新增耕地 1 730 公顷,在建面积 3 341 公顷。三是因地制宜推广"梨树模式",总结提升盐碱地改造"大安模式",邀请先进技术团队"打擂台",建立长期管护机制,加快推进盐碱地等耕地后备资源综合利用。全省推广"梨树模式",保护性耕作实施面积增长近 5 倍,居全国前列,2022 年达到 3 283 万亩。四是加快高标准农田建设,推广水肥一体化技术,促进有机肥就地全量化还田,持续改善土壤地力,抓好集中连片高效节水灌溉示范项目。五是发挥科研院所、大专院校的创新引擎作用,形成创新突破一批、应用转

---

① 吉林省粮食总产量 816.16 亿斤!粮食单产居全国前十名产粮大省第一位!黑土地保护面积稳居全国第一. http://www.jl.gov.cn/zw/yw/jlyw/202212/t20221213_8647098.html, 2022-12-13.

化一批、理想储存一批的接力式、滚动型创新格局，巩固发展吉林在农业农村领域的科技研发优势，增强持续创新能力，为现代农业建设提供源源不断的创新动力[69]。六是打造国家优质安全绿色畜产品生产基地。实施农业品牌提升行动，集中打造"吉林大米"等一批绿色有机农产品品牌，创建"双阳梅花鹿""农安三辣"等一批农产品区域公用品牌和地域特色品牌，加强品牌营销推介，不断扩大吉林优质农产品的市场影响力。七是激发农民合作社、家庭农场、社会化服务组织等积极性，大力发展农业托管服务，通过科技小院、科技示范基地等多种方式进一步推广高产高效技术。

二、辽宁农业科技协同创新的做法与经验

　　辽宁省地处欧亚大陆东岸、中纬度地区，地形地貌种类多，水系丰富，属于温带季风气候，境内雨热同季，日照丰富，是全国重要商品粮基地之一[70]。辽宁省有典型黑土区 186.67 万公顷，主要分布在辽河平原区和东部低山丘陵区。同时，立足优质的土地资源，通过实施设施农业、机械作业、农田水利工程等措施，辽宁省农业发展态势总体良好，粮食综合生产能力稳步提升，多年来一直是全国粮食主产省之一[71]。辽宁省种植业生产较好，2022 年全省粮食产量 2 484.5 万吨，为历史第二高产年，单位面积产量 6 976.1 千克/公顷，在全国 13 个粮食主产省中居第二位①。

　　具体经验和做法如下。一是加快振兴农村产业。培育壮大一批农业产业化龙头企业、农产品加工集聚区，做优做精粮油、畜禽、水产品、果蔬、饲料、道地药材等产业链。支持特色产业，新增设施农业 10 万亩，加快发展乡村旅游业，推动农村三次产业融合。支持铁岭打造全域国家级农业现代化示范区，推进锦州、营口、盘锦东北粮食集散和精深加工基地建设[72]。二是辽宁省农业科学院积极融入全球种业创新网络，先后与俄罗斯谷物联盟、乌克兰国家农科院尤里耶夫作物研究所等分别组建了玉米、水稻、马铃薯联合育种实验室；与法国农业科学研究院、意大利米兰大学共同组建核果类果树遗传与育种国际研究中心；与波兰波兹南生命科学大学等建立 6 个国际联合实验室。同时，积极与省内外种业企业合作，先后共建 3 家产业研究院；通过强化对外开放，有效提升了育种能力，并支撑了产业发展[73]。三是通过科技特派支持"一县一业、一村一品"定制化发展。以支持农业特色产业发展为己任，2019 年派驻省级科技特派团 117 个，其中扶贫开发重点县派驻特派团 47 个，实现了对农业县区的全覆盖和 15 个扶贫开发重点

---

① 2022 年辽宁省粮食总产量 496.9 亿斤 居全国第十二名. http://www.cnfood.cn/article?id=160328917169848
7297，2022-12-15.

县的重点覆盖。开展科技服务，实施各类科技项目 242 项，示范推广新品种 463 个，新技术 1 028 项，建立科技示范基地、乡镇、村 1 043 个，科技服务几乎全覆盖，走出一条科技服务产业的新途径。四是组织实施科技攻关，重点突破农业共性关键技术[74]。"十三五"国家重点研发科技计划农业领域的 11 个专项中，辽宁科研团队在 7 个专项中都承担了攻关任务，覆盖面达到 60%以上，奠定了辽宁在主要粮油作物优良新品种选育，设施园艺作物优良专用新品种选育及高效安全生产关键技术，海洋食品工程化加工关键技术、装备及新产品开发等领域的科研优势地位，推动了高新技术成果在辽宁的转化应用[74]。五是实施农业激励政策，制定《辽宁省农业科学院科技成果转化和技术转移管理办法》等，通过完善科技成果转化运行机制，充分发挥了农业科研单位在科技成果转移转化中的作用，激发了科技人员成果转化工作原动力，推动了农业成果转化为现实生产力。六是优化生态空间，改善农村环境，深入实施"千村美丽、万村整洁"和村庄清洁行动，创建省级美丽示范村 681 个、累计建设 1 337 个，超额完成 1 000 个行动任务目标。90%以上的建制村村容村貌变化明显，生活垃圾处置体系基本实现全覆盖。新建畜禽粪污资源化利用整县推进项目 3 个，建设秸秆综合利用试点县 14 个。畜禽规模养殖场粪污处理设施装备配套率达到 86%，畜禽粪污综合利用率达到 74%[①]。七是政府积极宣传教育，提高农民教育水平。增设针对农业从业者的培训课程，提高农民素质，推行绿色生产方式，使农户意识到农业可持续发展的必要性，提高环保意识，合理控制化肥、农药、塑料薄膜的使用强度，减少对土壤和水源的污染。注重农业人才的培养，建立完善的农业信息平台[75]。

三、河南农业科技协同创新的做法与经验

河南省是我国畜牧业大省，是中原经济的核心区，其禽蛋、肉类产量分别居全国第一、二位，奶类产量居全国第四位，而牛、生猪、家禽的年出栏量分别稳居全国前三位。为实现中原新型现代化农业先行区战略目标，保障社会公共卫生安全和动物性食品安全，河南省开展了现代畜牧业农业科技协同创新。

具体做法与经验如下。一是建立畜牧业农业科技协同创新的组织管理架构。在河南省教育主管部门主导下，由河南农业大学牵头，成立现代畜牧业河南省协同创新中心，由中心管理委员会负责运营管理及重大事项决策，各联盟单位按目标承担相应任务，并由管理委员会授权的办公室，负责协调中心与各协同体相关事务，保证中心各项工作有序进行。二是建立评价激励机制，明确职责分工，实

---

① 辽宁现有畜禽规模养殖场粪污处理设施装备配套率达到 86%以上. http://www.tongdazg.cn/newsshow_88.html，2019-07-13.

行目标管理,激发协同创新积极性。中心分为种质资源创新与利用、安全健康高效生产技术、重大疫病防控、产品安全评价 4 个畜禽分中心和 3 个基地(生猪家禽健康高效养殖示范基地、奶牛健康高效养殖示范基地和新型高效兽用生物制品研发与示范基地等),实行"管理委员会+中心主任+基地主任+基地骨干岗位专家"的四级组织管理体制,并以最终产生的经济或社会效益为依据,建立"任务+考核+奖励"的激励机制,实行目标管理,保证明确职责分工,激发协同创新积极性。三是依托重大研究项目国家计划,组建农业科技协同创新战略联盟,开展协同攻关。协同中心以河南农业大学牧医工程学院为依托,成立了由畜牧兽医行业领域相关专业教学机构和龙头企业组成的"2011 协同创新河南兴牧科教联盟",利用学科专业教育、人才培养、科研及信息资源建立畜牧业农业科技协同创新信息网络。四是派驻企业科技特派员,建立产学研示范基地,推动技术链与产业链双向融合。实施企业科技特派员行动计划,以示范基地为载体,密切关注企业发展需要,加强高校与企业人才和技术对接,促进成果转化及产业化。五是实施四优四化科技支撑行动计划,推动优质小麦、优质花生、优质草畜、优质果蔬实现布局区域化、经营规模化、生产标准化、发展现代化[76]。

四、山东农业科技协同创新的做法与经验

山东省位于我国黄河入海口的华北和华东的交界处,东部濒临黄海和渤海,雨水充沛,资源丰富,土地垦殖率高,地理位置和气候条件优越,是我国重要的农业大省之一。同时山东作为我国重要的粮食主产省,从农业总产值、粮食总产量、耕地率、农业增长量来看,均在全国前列[77],其中小麦、玉米和地瓜是山东三大主要粮食作物,产量高且质量好,粮食产量基本上呈逐年递增趋势,巩固了山东农业大省的地位,为山东省经济发展提供了坚实的物质保障[78]。截至 2021年,山东省第一产业增加值位列全国第一;粮食产量位列全国第三,肉蛋奶、水产品、蔬菜和水果产量均位列全国第一[79];"蔬菜之乡"山东寿光涌现出了"中国韭菜第一乡""中国胡萝卜第一镇""中国香瓜第一镇"等专业镇村 587个[80]。数据表明,农业科技是助推山东寿光成为我国最大的蔬菜生产基地的强大支撑,其中农业科技协同创新是关键。

具体做法与经验如下。一是组建山东寿光蔬菜高科技示范园,发展规模核心区 1 万亩,示范区 2.5 万亩,辐射区 35 万亩,具有生物工程种苗开发、蔬菜标准化生产、蔬菜加工销售、科技培训及会展信息服务等综合功能[81],并先后被批准成为国家农业科技园区试点单位、山东省农业科技示范园区建设单位、山东省蔬菜工程技术研究中心、山东省蔬菜工厂化育苗中心、山东省农业大学博士生实践

基地、无农药残毒放心菜生产基地。二是政府主导，一方面与中国农业大学共同成立蔬菜研究院，加大蔬菜良种科技研发，通过持续科技投入与刻苦攻关，获得了拥有自主知识产权、品质优良的种子，使寿光成为设施蔬菜良种基地；另一方面与中国农业科学院、山东农业大学等46家省级以上科研单位和院校合作，成立山东省蔬菜工程技术研究中心等机构，致力于育种、栽培、植保、设施等方面技术的研发，开展新技术、新品种和新种植模式的推广[82]。三是高起点引进瑞士先正达种子公司、荷兰瑞克斯旺种苗集团公司、以色列海泽拉优质种子公司、中国种子集团有限公司、荷兰德奥特种业集团公司、美国优马生物技术公司、以色列泽文种子有限公司、国家蔬菜工程技术研究中心等国内外知名蔬菜种业集团进入园区，形成农业科技协同创新"绿洲效应"。四是积极推进土地流转制度改革，并鼓励中介组织和工商企业采取租赁土地、合同订购、系列服务、价格保护、利润分成、股份合作等多种方式与基地农民形成利益共享、风险共担的利益共同体，建立让农业投资者、企业经营者、农户和土地所有者及社会利益共享的农业科技协同创新机制，并以项目带动学习、政策引导、科技培训，激励农业技术人员及农民参与整个农业产业化过程，实现协同创新。五是持续稳定加大政府科技研发投入，市财政每年投入示范园区建设专项资金不少于 1 000 万元，并全方位构建了外商投资园、科技部门、金融部门、农业企业和社会"五位一体"的农业科技协同创新投融资体系，为农业科技协同创新提供了有力的资金保障。六是构建紧密型蔬菜生产合作经营组织，以山东寿光欧亚特菜有限公司为载体，实行"公司+基地+农户"的产业运作机制，打造蔬菜农业科技协同创新产业链。七是将农业科技园办成集高新技术引进、示范、开发于一体的生产、加工与出口创汇相结合的经济实体，对农户进行技术指导，对产品进行统一检测、统一收购、统一包装、统一销售，实现一体化经营[83]。

五、江苏农业科技协同创新的做法与经验

江苏位于中国大陆东部沿海，地跨长江、淮河南北，辖江临海，扼淮控湖，经济繁荣，教育发达，文化昌盛，与上海、浙江、安徽、山东接壤，拥有吴、金陵、淮扬、中原四大多元文化及地域特征。其与上海、浙江共同构筑的长江三角洲城市群已成为 6 大世界级城市群之一，江苏人均地区生产总值、地区发展与民生指数（development and life index, DLI）均居全国第一。此外，江苏因地处中国东部，地理上跨越南北，气候及植被亦兼具南方和北方特征。全省耕地面积6 870 万亩，人均耕地0.86亩，地处南北气候过渡地带，生态类型多样，农业生产条件得天独厚，素有"鱼米之乡"的美誉，作为全国 13 个粮食主产区之一，是南

方最大的粳稻生产省份，也是全国优质弱筋小麦生产优势区。随着农业产业结构不断优化，绿色农业、智慧农业、订单农业等现代农业加快发展，截至 2018 年，江苏省高效设施农业面积占比达 19.6%，高标准农田占比达 61%。全省有效灌溉面积达 418 万公顷，新增有效灌溉面积 4.8 万公顷，新增节水灌溉面积 15.3 万公顷。预计到 2025 年，全省农业机械总动力控制在 5 500 万千瓦左右[①]。

具体做法与经验如下。一是瞄准农业优势特色产业关键共性技术实施农业科技协同创新。例如，研发了生物农药、动物疫苗、生物肥料等新型生物制剂，攻克了一批能有力促进高效、优质、生态、安全的现代农业产业发展的关键技术。这些成果的成功研发，对农业科技协同创新起到典型示范作用。二是创新农业科技与服务推广模式，为整合资源，集成优势，为农民增收致富提供便捷、实效、长效的科技服务，构建了总店、分店、便利店三级体系的"科技服务超市"，实现了集专家团队现场服务、电话咨询及"网上总店"于一体的，将日常服务与集中活动相结合的农业科技协同创新科技服务"三农"模式，为农业产业化经营和区域经济发展提供更有力的科技支撑[83、84]。三是大力推进农业科技协同信息化建设，一方面在全国率先实现"村村通宽带"，构建了一个乡镇建一个信息点、构建一个信息库、打造一个特色品牌栏目的农业信息服务体系；另一方面形成了功能互补、优势专长的农业政务、商务、科技网络体系[85]。四是加大农业科技协同创新政策供给力度，一方面，全面推进科研体制改革，开展科研院所事企分离改革，形成以市场需求为导向、以知识产权权益为纽带的科研事业单位与科技企业新型链接关系，有力推动了科研与经济的结合，同时推进科研院所股权多元化、产业规模化科技产业由资产管理向资本运作转变[86]。另一方面，为科技人员投身农业科技事业提供制度激励。例如，江苏省拥有国家级和省级现代农业科技园区 50 多家，为激励科技人员投身农业科技园区建设，出台政策明确合同期内科技人员在原单位的身份、工资、福利待遇等方面保持不变，可以承包经营、资金入股、技术入股、技术转让等多种形式参与农业科技园区建设，变革了科技人员农业科技协同创新服务的方式，激发了农业科技人员的科研热情。五是构建以企业为主体的农业产业技术创新战略联盟。江苏省已培育农业科技型企业 250 多家，建立省级以上技术创新载体 90 个（其中，工程技术研究中心 50 个，高新技术研究重点实验室 5 个，企业研究生工作站 15 个），并依托农业龙头企业、科研院所、高等院校等，先后组建了江苏省肉类休闲食品产业技术创新战略联盟、江苏省茧丝绸产业技术创新战略联盟等多家农业科技协同创新战略联盟，提升了产业发展层次，并延伸了产业链，实现了企业、大学和科研机构等在战略层次的有效结合，为共同突破产业发展的技术瓶颈和共性关键技术创造了条件[87]。

---

① 资料来源：江苏省人民政府办公厅《2018 年江苏省国民经济和社会发展统计公报》。

六、黑龙江农业科技协同创新的做法与经验

黑龙江省作为农业大省，农业资源丰富，具有农业生产有利的自然条件，在全国农业现代化建设进程中位居前列[88]，其中林地、草地、水、湿地等农业资源在国家生态环境保护和农业经济发展中占有重要地位。据统计，该省人均耕地面积为 0.32 公顷，全省耕地主要用于发展种植业，其中以粮食作物为主，占播种总面积的 86.7%，经济作物和其他农作物占 13.3%[89]。截至 2021 年末，全省 200 亩以上规模经营耕地面积 1.47 亿亩，占耕地总面积的 61.5%，规模经营水平引领全国。黑龙江省近年来大力推进农业规模化、集约化经营，在耕地托管、产业链延伸、科技创新等方面竞逐"新赛道"，坚决当好维护国家粮食安全"压舱石"。"十三五"期间，黑龙江省农业科技进步贡献率达到 68.3%，高于全国 8.3 个百分点。黑龙江省农作物耕种综合机械化率达到 98%，建设现代农业科技示范基地 138 个，优质良种繁育、数字农业建设、基层农技推广等重点工程稳步推进。

主要做法与经验如下。一是推动种地方式改变，从"会种地"向"慧种地"转变。黑龙江省大力推进农机信息化建设[90]，引领农业全链条信息化、智能化、现代化发展，全力争创高端智能农机推广应用先导区。黑龙江省建立全国首个省级农机调度管理指挥平台，经过不断改进、开发、完善，平台功能不断延伸、拓展，现已具备十大功能板块，通过物联网、大数据、云计算等新一代信息技术的应用，实现了农机作业、精准统计、农机补贴、农机鉴定、农机监理等主要业务网上办理，极大地提升了全省农机信息化、智能化管理水平，大大提高了农机作业精准化、数字化水平[91]。二是助推经营方式转变，随着农业科技水平的进步与发展，农机装备作业能力不断提高，农民田间耕作的方式也发生了翻天覆地的变化，同时促进了农业生产方式转变，更重要的是，引领了小农户与现代农业衔接。通过农业机械化发展引领土地规模经营，推动"小穷弱"农户与现代农业衔接，引领种植规模小、生产成本高、生产效率差、市场信息弱、标准化程度低的"小农户"走上了成本低、效率高、标准化程度高的生产全程机械化之路，实现了农业增产增效、农民节本增收。三是助力守护好黑土地，从深挖潜力到保护性耕作。黑土是非常稀缺的土壤资源，为保护黑土地，黑龙江省大力推行以秸秆覆盖免少耕播种为主要技术模式的保护性耕作。哈尔滨市经建农机专业合作社现有免耕播种机 8 台，经营耕地 1.1 万亩，全部采用原垄卡种秸秆全覆盖免耕播种技术模式作业。通过连续多年的保护性耕作，土壤有机质含量不断增加，实现了粮食稳产高产，保护了黑土地。各类保护性耕作措施的实施，逐步提升了土壤的有机质含量，这些都与黑龙江省农机与农艺相结合的保护性耕作模式密不可分，与大农机的应用功不可没。四是提升农机作业水平，从种好自家田到跨区域作业。黑

龙江省农业机械作业具有高效率、高质量、高智能的特点，这为全省农机社会化服务组织开展跨区作业提供了便利。近年来，黑龙江省不断加强组织引导，积极鼓励农机专业合作社、农机大户、农机服务组织等组建农机省外跨区作业队，做好跨区作业证发放等服务工作，确保跨区作业顺利开展。跨区作业队带去的不仅仅是高端智能的农机装备，更有现代化的农业技术、高产成型的丰收模式。五是注重提高农业科技贡献率，垦区在保护性耕作、测土配方施肥、良种繁育、病虫害防治、节水灌溉、农业航化作业等新技术应用方面下了大功夫，其水平居于国内领先水平，农业科技成果转化率高，农业科技贡献率达 67%，高于全国平均水平，注重科技贡献率的提高有助于黑龙江农业发展。六是充分利用区位与交通优势，黑龙江垦区远离城市及工业区，注重环境保护，生态环境优良，优越的地理位置和便捷的交通条件为垦区发展现代农业提供了良好的现代基础，利用优势区位与交通很大程度上节省了运输成本和作业时间[92]。七是合理利用水资源，推广节水灌溉技术[93]，垦区目前的有效灌溉面积仅占耕地面积的 43.7%，为解决大部分耕地水源贫乏、旱田比重较大、水资源区域上分布不均、地下水开发程度高、过境水开发程度低等问题，黑龙江加快农田水利建设改善农业生产条件，调整种植业结构，以扩大水田比例，同时大力推广农业节水灌溉技术，进一步抓好东部地区"两江一湖"大型灌区和西部旱区节水灌溉工程建设，全面提升垦区粮食综合生产能力，巩固国家商品粮基地的地位。

七、陕西农业科技协同创新的做法与经验

陕西省总面积 20.58 万平方千米，省内地域狭长，地势南北高、中间低，有高原、山地、平原和盆地等多种地形；从北到南依次为陕北高原、关中平原、秦巴山地三种地貌区；横跨三个气候带，南北气候差异较大，年平均气温 13.7℃，降水南多北少①。特殊的地理环境构成了陕西农业发展的基底条件，陕西耕地面积 5 974.35 万亩，其中常用耕地面积 4 515.78 万亩。2019 年末，全省常住人口 3 876.21 万人，比上年增加 11.81 万人，增长 0.31%。陕西属粮食紧平衡、肉类基本自给和水果调出大省，全省粮食产量 1 275 万吨、蔬菜及食用菌 1 957.66 万吨、园林水果 1 808.03 万吨、肉类 106.4 万吨、水产品 16.9 万吨。全省第一产业增加值 2 267.54 亿元，占生产总值的 8.7%。全年农业增加值 1 708.71 亿元、林业增加值 70.19 亿元、牧业增加值 470.31 亿元、渔业增加值 18.32 亿元。21 世纪以来，全省农业产业经过不断发展调整，优化升级，建设形成陕北长城沿线、渭北旱作区、关中、陕南 4 个粮食产业带；发展形成了陕北红枣、小杂粮、肉羊，渭北苹

---

① 资料来源：《2020 年陕西省国民经济和社会发展统计公报》。

果、酥梨、核桃、柿子，关中畜禽奶蛋、猕猴桃、葡萄、蔬菜，秦巴地区生猪、林特产、茶叶等产业带，加快和推动了农业各产业的发展，农业产业的形成和发展，带动了农民增收[94]。

主要做法与经验如下。一是区校一体，形成农业科技创新高地。在陕西杨凌农业高新技术产业示范区和西北农林科技大学葡萄酒学院的技术支持下，建成了酿酒葡萄基地。沙漠变绿洲，以及乌海市葡萄酒产业发展，是杨凌示范区着眼农业科技创新，加快集聚以人才、技术等为重点的创新要素，深入实施"区校一体、融合发展"战略的体现。经过多年探索，形成了"农科教相结合，产学研一体化"的发展新机制[95]，区域协同创新能力显著增强。二是示范推广，让新技术成果就地转化。陕西省依托西北农林科技大学强大的育种团队，先后培育、推广西农979、西农509、西农585等小麦新品种，并配合新栽培技术为中原大地与黄淮麦区小麦产业发展注入了活力。在陕西宝鸡眉县横渠镇西寨村建立的猕猴桃试验站，杨凌示范推广了大棚架形、果园生草、充分授粉、合理负载等十项标准化生产技术，让眉县猕猴桃生产从经验路走上了科技路。三是平台创建，实现科技研发共享开放。2021年3月，陕西省授牌成立秦创原创新驱动平台，着力打破科技优势与经济发展转化"堵点"，建设陕西省最大的孵化器和科技成果转化特区。为参与平台建设，进一步巩固和强化农业科技创新，杨凌示范区依托区内高校科研优势，紧接着制定了秦创原创新驱动平台农业板块建设三年行动计划。四是构筑科技创新平台，激发陕西农业科技创新活力。科学研究高质量发展助推农业高质量发展，要建好各级各类科技创新平台，为科技创新工作者提供先进的科研设备和优质的科研资源，创造有利于产出推动农业高质量发展的科技创新成果的条件。坚持农业科技自立自强，切实发挥好科技创新在保障国家粮食安全、打好种业翻身仗、助力乡村振兴等方面的重要作用。五是充分发挥联盟优势[96]，为陕西农业发展立佳功。陕西省农业协同创新与推广联盟省级预算内资金使用项目具有管理体系规范、各项成果丰硕、资金使用合理、人才培养高效等突出特点，联盟紧密围绕陕西区域农业发展中重大关键技术问题，联合开展农业科技创新和技术示范推广，为陕西创新型省份建设、现代农业发展及乡村振兴提供了有力科技支撑，工作成效显著。六是搭建场地，为企业提供栖息地。在农业协同创新中，企业扮演着重要角色，科技成果的转化离不开像杨凌良科农业科技有限公司这样的龙头企业，杨凌示范区不断引进、培育和壮大各类创新主体，促进企业真正成为技术创新决策、研发投入、科研组织和成果转化的主体。企业要发展，一定要有一个良好的场地作为支撑。在培育创新主体的过程中，杨凌示范区先后出台了20多项政策，服务于企业的发展，最终为农业科技注入强大动力。七是发挥农业科技创新平台作用，助力农业特色产业提质增效。立足地方农业主导产业和区域特色产业，依托企业和高校双创示范基地，以"创业和就业"重点任务为抓手，搭建协作平台，加强资源对接，提升服务水平，为大学生、在外务工返乡人员就业创业营造良好环境，引导"双创"行动向广大农村领域和基层延伸，通过整合现有科技、人才、金融、信息等发展要素，加快科技成果向农村转移转化[97]。

八、甘肃农业科技协同创新的做法与经验

甘肃省耕地面积 344.90 万公顷，其中旱地 70%以上，是典型的山地型高原地区，旱作农业主要分布在陇东、中部黄土高原区，涉及 10 个市州，69 个县区市，1 700 万人[98]。甘肃省地域跨度广，种植方式呈现化学依赖倾向，农业品级低端化，价格低位徘徊[99]。但甘肃省农业资源丰富，是我国重要的中药材、制种及薯类生产基地，生态类型多样，形成了马铃薯、蔬菜、草食畜牧业、中药材、优质林果、制种六大特色产业。

主要做法与经验如下。一是强化科技成果转化，提高服务"三农"能力。通过组织实施国家和省级科研推广项目、农业综合开发科技推广项目等，引进示范一批农作物新品种，推广一批农业新技术和新产品，实现良种良法配套，挖掘新品种的增产潜力，提高作物的关键品质，提升农业科技水平，并且加强科技培训，以提高农民科技文化素质，促进农民对科研成果的消化和吸收[100]。二是打造现代寒旱特色农业高地。甘肃坚持以养殖业牵引农业产业结构优化升级，以农产品精深加工业和食品工业带动特色产业价值链提升，全力培育具有甘肃特点和市场影响力的农业品牌；坚持"调结构、提品质、促融合、强主体、育品牌"，着力培育"农业优先型"县域特色主导产业，打造现代寒旱特色农业高地，走根植于农业的三产融合发展路子；现代寒旱特色农业三年倍增行动有序实施。三是提升生产装备水平，解放农村劳动力。甘肃省以发展现代农业为主攻方向，以改善农业生产条件和设施装备条件为着力点，坚持不懈地推进高标准农田建设，大力加快农业机械化新技术新装备普及推广，先后组织实施了沃土工程、梯田建设工程、耕地质量提升等项目，测土配方施肥面积 5 208 万亩，累计改造中低产田1 500 多万亩。四是建设标准化生产基地，加强质量监督。生产是提高农产品质量的重要手段，在抓紧制定优势农产品质量和生产标准的基础上，围绕区域特色产业，选择一批特色产业发展基础好的重点区域，建设一批特色农产品标准化生产基地，通过基础设施建设、技术服务和质量检测体系的配套，实现农产品生产全程标准化管理，提高特色农产品质量。五是多渠道争取对特色农业发展的资金收入。利用中央农业投资向西部倾斜的机遇，争取特色农业开发专项资金，积极争取金融部门的支持，吸引外资和鼓励民间资本、民营企业投资，支持特色农业

新品种、新技术的引进、培育、开发和推广，支持特色农业园区建设，扶持特色农业龙头企业建设，加快特色农业的发展。六是重视对专业技术人员的再教育，农业科技协同创新对技术人员素质的要求很高，因此要形成在职技术人员再教育制度，利用多种教育、培训形式，大力开展专项科技培训，努力培养适应需要的创新型实用人才，更新现有技术人员的知识结构，迅速提高科技人员的科技素质，为农业科技协同创新、技术攻关和科技开发提供智力和技术保证。七是发展智慧农业，更高精度服务现代农业。以农业信息技术延伸和拓展政府服务为手段，转变各级农业行政部门职能，提高服务"三农"的水平[101]。甘肃省武威市凉州区武南镇下中畦村高标准农田示范点，运用多台装有北斗终端的无人驾驶智能播种机，发展智慧农业，农机按照预先设定的路线匀速前进，施肥、播种、滴灌带铺设、覆土等作业一气呵成，能够精准控制播种量，有效帮助农户节本增效，减少错行和漏行，提升土地利用率，增加农户收入。

九、北京农业科技协同创新的做法与经验

北京地处华北平原的北部，北与燕山山脉接壤，南与黄淮海平原相邻，西与太行山紧邻，东北与松辽平原相通。土地面积为 16 410.54 平方千米，地势西北高、东南低，西部、北部和东北部三面环山，东南部为向渤海倾斜的平原，山区与平原分别占总面积的 62% 和 38%。北京气候为典型的暖温带半湿润大陆性季风气候，夏季高温多雨，冬季寒冷干燥，春、秋短促，且自然地理条件较为复杂，适合多种经济作物生长，农业景观类型丰富。北京农业发展呈现明显的圈层分布特点，其都市农业空间布局由城市农业发展圈、近郊农业发展圈、远郊平原农业发展圈、山区生态涵养农业发展圈构成[102]。北京是我国的政治、经济、文化中心，但是土地资源有限，所以建设以农业科技协同创新大力发展集观光、采摘、娱乐和休闲于一体的特色都市现代化农业是其必然选择[102]。

具体做法与经验如下。一是部门联动，做好农业科技协同创新的顶层设计。例如，北京为大力开展农业节水、减排调粮、做精畜牧水产为目标的新一轮农业结构调整，在北京市委领导下，由市农村工作委员会、市农业农村局牵头，加强与市发展和改革委员会、财政、水务等部门沟通协作，开展多部门联动，从制度供给和技术保障方面整合资源协同创新，合力推进种业、节水工作，积极争取国家各类项目资金，并编制了《北京现代种业发展三年行动计划（2020—2022年）》等，为农业科技协同创新发展布局谋篇[103]。二是大力发展农业高端产业，为农业科技协同创新提供产业基础。北京市编制种业发展规划，成立国家现代农业科技城良种创制中心，建设北京市通州区国际种业科技园区等，大力发展

基于生物育种技术的现代种业，并确立了基于生物制造技术的安全投入品产业、基于物联网技术的现代农业装备制造业、基于新材料技术的节能高效农业、基于农产品加工新技术的现代食品制造业、基于低碳循环技术的生态农业、基于作物营养强化技术的功能农业、基于大数据技术的农业信息服务业等农业高端产业战略方向，为农业科技协同创新提供了坚实的产业基础。三是围绕现代农业产业链发展战略目标，组建首都新农村建设科技创新服务联盟。早在 2009 年，北京市就积极落实科技部产业技术创新战略联盟政策，以龙头企业主导型、纵向产业链合作型和契约型为主，采取"联盟成员代表大会—理事会—秘书处—专业委员会"的治理模式，组建了产品加工、食品安全、籽种产业、设施农业、农村水环境治理、营养健康食品产业技术创新、生物肥料、生物农药、生物饲料、现代农业等首都新农村建设科技创新服务联盟①，联盟的成立有效推进了行业内及联盟内部国家工程实验室、国家重点实验室、国家工程技术研究中心、国家级企业技术中心等农业领域科研平台、科研人才资源、科研设备资源等创新资源的集聚，推动了多项核心技术的突破和技术标准、专利的研究与制定，有效地提升了农业投入品、农产品加工、食品安全等农业产业链各环节的生产管理技术水平和产业技术创新能力，农产品加工、设施农业、食品安全、籽种产业、生物肥料 5 个联盟取得核心技术突破 61 项，获得科技奖 6 项，研制国内标准 15 项、行业标准 21 项，获得专利 44 项[104]。四是构建都市型现代农业社会化服务体系创新模式，为农业科技协同创新顺利发展提供了保障。为推动北京都市型现代农业的快速发展，先后构建了乡镇金融合作扶持模式、农业综合服务中心模式、政府购买服务模式、院区联动模式、农村乡土能人带动模式、龙头企业带动模式、专业合作组织带动模式、专业市场带动模式等不同类型的农业社会化服务体系创新模式，开展生产技术指导、农产品加工与销售、资金融通、农资租赁、灾情预报、农业保险、农业经纪、农产品检验检测等多层次、综合性的服务，保障农业科技协同创新的顺利进行[105]。

十、上海农业科技协同创新的做法与经验

上海地处太平洋西岸，亚洲大陆东沿，中国南北海岸线中部，长江三角洲前缘；东濒东海，南临杭州湾，西接江苏、浙江两省，交通便利，腹地广阔，是一个良好的江海港口。上海属北亚热带季风性气候，四季分明，日照充分，雨量充沛，温和湿润，春秋较短，冬夏较长。土地面积为 6 340.5 平方千米，占全国总面积 0.06%，其中耕地面积为 18.67 万公顷，人均耕地面积为 0.013 公顷，属土地资

---

① 资料来源：《关于推动产业技术创新战略联盟构建与发展的实施办法（试行）》。

源匮乏型区域[106]。其境内陆地地势总体由东向西略微倾斜,除西南部有少数丘陵山脉外,整体地势为坦荡低平的平原,是长江三角洲冲积平原的一部分,海拔 4 米左右。农业在上海市生产总值中的比重已经下降至不足 1%,却仍需要承担保障 2 000 多万上海市民"菜篮子"的重任[107],上海作为品牌农产品集聚地,已有 1 680 家企业、6 743 个产品获得"三品一标"农产品认证。其中,绿色食品证书使用企业 207 家,绿色食品 299 个;无公害农产品证书使用企业 1 463 家,无公害农产品 6 420 个。此外,上海初级农产品出口总额超过 10 亿元,出口商品涉及蔬菜、花卉、食用菌、水果、特种水产、优质畜禽加工等,销往日本、韩国、东南亚、美国、欧洲等国家和地区,并且,建成设施粮田面积 86 530 公顷,市级蔬菜标准园 150 家,标准化畜禽养殖场 279 家,标准化水产养殖场 317 家,拥有农业产业化龙头企业 380 家,农民专业合作社 2 813 家,经农业主管部门认定的家庭农场 4 516 个[108]。

　　具体做法与经验如下。一是以产业融合为依托,培育农业科技协同创新型农业经营主体。通过大力发展生物制品、工厂化栽培、农产品精深加工和农业信息化等高技术含量、高附加值农业高新产业,采用"公司+科技+基地(联农户)"和订单农业的模式,着力培育以家庭农场、农民专业合作社、农业产业化龙头企业为代表的农业科技协同创新型农业经营主体[105]。二是推动农业科技协同创新信息化建设,构建农业物联网产业技术创新联盟。依托上海农业信息有限公司、市农业科学院等单位,以农业物联网研发企业、科研院所、高等院校和示范基地等近 20 家企业、机构和基地为主体,构建了包括安全监管、产业应用、企业示范、公共服务平台、云服务、技术创新、大数据应用、电子商务八大子平台在内的农业物联网产业技术创新联盟,为农业科技协同创新提供信息化保障[109]。三是加大郊区新型农业科技协同创新技术推广服务体系建设,提高农业科技成果转化效率。一方面,通过整合资源,构建了以农业技术推广服务为中心,农业科学院等机构与社会涉农组织群体有机结合的、结构明晰、职能明确、体制合理的多元化的农业技术推广体系;另一方面,大力开展科技入户工程,面向本市推广、科研、教学机构,选聘农业高级技术专家,组成市级农业科技入户工程专家组,开展制定技术项目和培训及联合开展重大技术难题攻关。同时,结合科技入户工程示范区县工作内容,开展核心示范场、科技示范场、典型辐射户、科技辐射户建设,从而进一步扩大农业科技成果转化效果。

十一、宁夏农业科技协同创新的做法与经验

　　宁夏地处黄河上游,与陕西、内蒙古、甘肃接壤,地域轮廓呈现"十"字

形，南北长、东西短，总面积为6.64万平方千米，占全国总面积的0.69%。宁夏位于黄土高原、蒙古高原和青藏高原的交汇地带，丘陵和山地较多，丘陵面积196.8万公顷，主要分布在银南和固原。属温带大陆性干旱、半干旱气候，干旱少雨、昼夜温差较大、日照充裕，是我国日照资源丰富地区之一。同时，宁夏也是我国水资源严重缺乏的地区之一，人均水资源可利用量仅为全国平均水平的三分之一。宁夏致力于发展节水灌溉技术模式，现有井灌区生态农业节水灌溉、丘陵水库灌区自压管道输水灌溉、渠井结合灌区节水模式等工程技术模式，高效节水灌溉模式实现了节水、节肥、增产等多种优势叠加，截至2022年，宁夏已建成现代高效节水农业43万亩。宁夏农业资源条件优越，其中引黄灌区是西部"五大粮仓"之一，也是西北地区重要的粮食基地。2022年，宁夏粮食生产实现"十九连丰"，全年粮食总产量达375.8万吨，单产362千克，较上年增长6千克，粮食种植面积、总产量、单产量实现三增。同时，宁夏是绿色有机农业发展的重要基地，也是绿色有机农产品重要生产基地，全区81%的耕地、85%的畜禽养殖基地、80%的养殖水面通过无公害产地认证，是打造功能营养保健食品加工优势区的理想之地①。

　　具体做法与经验如下。一是与国内外高等院校、科研机构密切合作。宁夏先后与墨西哥、加拿大、澳大利亚、美国等国家展开合作研究。例如，宁夏农林科学院和墨西哥国际玉米小麦改良中心联合研制小型多功能免耕播种机器，这种免耕播种机适合宁夏农业生产条件，具有体积小、成本低等优点[110]；通过中国农业科学院、中国科学院等科研机构间接从法国、澳大利亚、南非、俄罗斯等国引进国外小麦种子等资源，以提高当地小麦产量；与中国农业科学院在农业科研、科研成果转化、人才引进等方面展开全方位的合作，建立农业科研创新平台，引导宁夏农业科技创新发展。二是加快提升农业科研成果转化率，宁夏银川市创新农业技术推广服务体系，在苹果、枸杞、红枣等领域与院校合作，农业科技转化率提高到了65%以上[111]。由宁夏科技厅、农业农村厅、林业和草原局等联合制定实施农业科研成果转化行动，鼓励各机构实施农业科技转化项目，对验收合格项目给予50万~100万元的补助资金。此外，通过赋予科研人员科技成果所有权或长期使用权，有效激励科研人员将成果转化到农业生产上，提高成果转化率。三是政府加大对农业科技协同创新的支持力度。宁夏持续加大对农业科技创新专项资金的投入，如对新进入的国家级农业科技创新平台给予100万元奖励，对产生明显效益科技创新成果给予15万~30万元的奖励。四是积极开展高效节水灌溉建设，宁夏政府下拨各种专项资金大力支持高效节水灌溉建设，完善水资源集约节约

---

① 2022年全区经济运行总体平稳、稳中有进. https://tj.nx.gov.cn/tjxx/202303/t20230318_4000654.html，2023-01-29.

高效利用机制[112]，为我国节水灌溉贡献了"盐池模式""原州经验""同心方案"，既节约了水资源，也提高了农业资源配置效率，农业生产能力也明显增加，为农业高质量发展奠定了坚实基础。五是高质量培养创新人才队伍，围绕农作物育种与栽培、植物保护等十大重点发展领域，政府在项目申报、人员配备、实验条件等方面给予大力支持[113]，通过科研项目培养创新人才，在实践中提升了科研人员的创新能力和水平。

十二、新疆农业科技协同创新的做法与经验

　　新疆是我国西北地区重要省份，土地面积占全国 1/6，也是我国重要的资源大省和优质棉、粮、油、果等生产基地[114]，2020 年，新疆常住人口 2 585.23 万人，占全国人口的 1.8%①。2021 年新疆地区生产总值为 15 983.65 亿元，其中第一产业占比 14.7%，高于全国同期平均水平 7.3%，农业对新疆经济的发展有举足轻重的作用②。同时新疆工业化水平低，工业污染相对较小，再加上新疆农业规模化和机械化水平较高，使得新疆农业绿色发展具有良好发展优势。新疆是典型的生态脆弱区，生态恢复力差，同时南、北疆资源禀赋具有明显差异，北疆气候湿润，森林和湿地较多，降水稍多，南疆气候干燥，多沙漠和戈壁，干旱少雨。恶劣的生态环境和良好的区位优势，使得新疆推行农业绿色发展具有必要性和必然性[115]。

　　主要做法与经验如下。一是稳步推进"互联网+"现代农业。充分应用物联网、3S 技术、云服务等前沿科技手段，建成了覆盖园区、服务全疆、辐射全国的农业信息化服务平台，构建了动植物网络医院、智能化种植养殖管理等应用系统，形成全产业链一体化信息支撑体系。2021 年，实施了棉花全程机械化和信息化融合等示范项目，引进示范作物冠层光传感器、北斗导航农机自动驾驶系统等农业物联网技术，在全疆示范推广卫星导航自动驾驶技术 2 000 余万亩，新疆农业航空产业园建成"全国农业航空植保试验示范基地"③。二是突出科技创新，着力夯实创新基础。昌吉国家农业高新技术产业示范区围绕干旱荒漠地区农牧业现代化和国际农业科技合作，全力推进新疆国家现代农业科技城和西部农业研究中心等创新平台建设。随着当地农业产业不断发展，以及科技水平的进一步提高，农业机械化水平得到提升，推动农业实现增产、增收[116]。三是加强成果转化与推广，带动农业增效增收。坚持市场导向、问题导向，围绕木垒肉羊、鹰嘴豆、奇台小麦、吉木萨尔马铃薯、甜叶菊、呼图壁苗木玛纳斯酿酒葡萄、棉花等产业，

---

① 资料来源：《新疆维吾尔自治区第七次全国人口普查公报》。
② 资料来源：《新疆维吾尔自治区 2021 年国民经济和社会发展统计公报》。
③ 新疆建成农业航空产业园. https://china.huanqiu.com/article/9CaKrnJMz4y，2015-06-30.

按照"实施产业提升工程、引进科研创新团队、培育创新型企业集群、形成辐射示范标准"[117]的发展模式，在各县市建设现代农业科技示范园，依托中国农业科学院等科研院所的科技优势，在构建现代农业产业体系、生产体系、经营体系等方面充分发挥园区作用，推动农业科技成果转化为生产力。四是培育壮大特色主导产业，推动一二三产业深度融合。大力培育休闲观光农业和文化旅游产业，坚持城景共生、农旅交融，推进建设国家农业公园，大力发展精品果蔬、高档花卉、采摘体验、农耕文化、健康养生、科普教育等特色休闲农业。五是健全农业科技园，丰富科技示范推广基地。昌吉国家农业高新技术产业示范区是新疆最早创建的国家级农业科技园区，园区在智慧农业样板、农业科技示范推广、农业科技创新高地等建设上，实现了可用、可看、可学、可推广、可复制的功能，园区累计研发引进、集成组装、示范推广棉花全程机械化栽培技术体系等千余项新品种、新技术、新装备、新模式，已在全疆建立了150余个科技示范推广基地。六是提升农业科技园区建设水平，推动农业高新技术产业化。新疆农业类科技园区是新疆传统农业向现代农业转化的落脚点，农业科技园区的发展对区域农业的创新有着举足轻重的作用[118]。例如，温宿国家农业科技园区是一个围绕核桃、苹果、红枣等特色林果产业发展的农业科技园区，落户园区的企业达97家，2021年园区总产值实现40.84亿元①。园区组织实施了64个"科技兴阿"和科技型中小企业技术创新项目，与7家科研院所、高等院校合作建设了特色林果种质资源圃、院士工作站，研究和引进的农业科研成果大部分已转化到了农业产业化的发展上①。七是激发农业创新活力，向现代农业创新发展发力。积极探索"保底+"增值收益、"股份+"增收致富、"互联网+"创业致富等多种运营模式，将国有企业、独资企业与园区内各经营主体、合作组织、农户结成共生共赢的经济利益共同体。

第三节　国内外典型地区农业科技协同创新的经验借鉴

一、国外典型国家和地区农业科技协同创新经验借鉴

（一）完善农业科技协同创新体系，为农业科技协同创新提供支持

荷兰有以国际知名的科学研究组织瓦格宁根大学研究中心、商业公司、南方

---

① 探寻新疆农业科技园的"科技范儿"．http://www.agri.cn/province/xinjiang/nyyw/202204/t20220425_7844995.htm，2022-04-25.

农民协会、动物福利及企业社会责任咨询机构和荷兰地方及中央政府为主体的、功能互补的农业科技协同创新体系，推动技术链与产业链双向融合，实现家禽业创新系统产业化和商业化；丹麦以全国农业顾问中心和农业咨询服务中心为载体，将皇家兽医和农业大学、各应用技术研究所、农业技术人员、农民、家庭农场高效链接，构建农业科技协同创新体系，促进研究成果、技术信息和管理方法等知识资源生产、流动、转移，历时一年一项农业新技术就可以完成推广及应用；新西兰以致力于开展农业基础性研究、应用基础性研究、重大高新技术研究、重大关键性技术研究和实用性技术开发为战略目标，包括农业科技研发系统、农业科技推广系统和农业科技教育培训系统等方面的农业科技创新体系，为农业科技协同创新提供全方位的支持；美国以构建农业协同创新平台，组建项目技术委员会和项目执行委员会为载体，对项目予以战略指导和进行跨州经费资助及整合、协调资源，保证项目有序良性进行。

（二）构建农业科技协同创新信息平台，提高农业科技协同创新信息化水平

韩国通过制定农业信息化发展战略，加强农业信息基础设施建设，制定扶持农业信息化优惠措施，高度重视信息资源采集与开发，构建农场管理远程咨询系统、农业技术网站、农场技术咨询系统，实现农民与科研人员双向信息交流；荷兰发挥政府创新支持项目、行业专业中介服务公司的"创新经纪人"作用，搭建创新网络和交流平台，进行沟通协调、信息共享和战略咨询等创新中介服务，促进创新资源优化配置，降低创新产业化推广成本和风险；西班牙建立公共技术平台，促进农业科技协同创新资源整合，通过建设国家蛋白组学研究所和国家生物信息学研究所等四大技术平台，有效促进了生物科技资源的整合，提高了服务效率，进而加速了农业科技协同创新的发展。

（三）颁布相关法律法规，为农业科技协同创新提供制度保障

日本颁布《农业基本法》《食料农业农村基本法》《农业改良助长法》《农业协同组合法》等系列法律，从流通、价格和生产方面提高土地和劳动力利用效率，促进农业科技创新和技术成果转化应用，为农业科技协同创新提供制度保障；韩国通过变革农地所有权制度、农业经营制度，颁布《农业基本法》，保护有限耕地资源，提高农业人力资本，为农业科技协同创新给予制度保障；英国通过制定《英国农业科学与创新战略（2003—2006年）》《农业环境建设方面的投资计划》《农村林地奖励计划》《农村企业资助计划》《农产品加工与市场开发奖励计划》《农民职业培训计划》《支持条件艰苦地区的补贴计划》等战略和计划，从经费投入、农民培养、打造企业创新主体等方面，推动农业科技创新发展；西班牙的政策环境相对宽松，是欧洲唯一允许转基因玉米商业化种植的国

家，极大地激励了农业企业投入、科学研究和产业发展的协同创新。

（四）加大农业科技经费投入，保障农业科技协同创新资金需求

荷兰重点投资农业基础研究和战略研究，私人部门则对农业发展的各个领域进行投资，投资渠道逐渐多样化，荷兰政府每年对农业科技创新方面的经费投入为 30 多亿荷兰盾，极大地促进了农业科技协同创新的发展进步和推广应用[119]；日本政府保证农业科技投入巨额经费，农业科研经费占农业生产总值比重一直都保持在 20%以上[120]；印度设立农业科技项目保证农村信息化建设资金，在最落后地区实施基础设施发展特别计划，大力发展农村公路、农村通信网、计算机互联网等，不断夯实基础设施信息化建设，给予农业科技协同创新物质保证。

（五）大力开展农业人才培养，为农业科技协同创新注入强劲动力

荷兰大部分农民都接受过专业学校的培训，且部分农民拥有大学本科及以上学历，能够熟练地掌握现代农业科学技术和知识，并且约有 500 名专业农业知识普及人员通过各类培训班向农民及时传递新的农业科技知识；日本通过农林水产学校、农业大学、国立综合大学农学部、各类农业大学及普通高中开设农业课程等途径，培养农业管理、科研及各类专业技术人才；丹麦以"实用弹性教学"和"一周农校课程班"等为载体，构建完备的农民教育培训体系，培养专业的农业技术人员、农场经营管理者、农场主，为农业科技协同创新提供不同层次的智力资源；意大利大力发展农业教育，构建了农业高中、农业技术学校、农业专科学校、大学农学院等不同学历层次的农业教育体系，保证了农业科技协同创新对农业技工、农业技师、农业专家、农业领军人才等不同层次人才的需求。

（六）大力发展农业社团组织，多层面为农业科技协同创新提供服务

丹麦以合作社为载体，保障农业科技协同创新组织管理，从研究开发、基础生产到农副产品加工、销售，推动产业链与技术链双向融合；意大利从国家和各省层面设立农业联合会，为农民提供农业先进技术、市场、农业机械、仓储等服务。此外，建立耕地合作社、饲养合作社、葡萄合作社、农药喷洒合作社、信息合作社、农产品加工运输销售合作社等多种类型农业合作社，整合资源，为农民提供一体化服务；西班牙专门制定了《合作经济组织法》，构建了酸类水果种植合作社、农业与环境保护合作社、纯种子培植合作社、灌溉和地下用水合作社、农村金融合作社、产品仓储包装销售合作社、产品加工销售合作社等类型多样的农业合作社体系，在新技术推广、品种改良、质量认证、病虫害防治、栽培技术指导、出具原产地证书等方面有力地推动了农业科技协同创新；巴西大力构建供

销合作社、渔业合作社和农村电气化合作社等类型合作社，为农民供应生产资料，提供生产技术、市场信息、经营管理咨询、技术培训及为农业提供农产品的分级分等、包装、仓储、运输、销售和出口等服务。

二、国内典型国家和地区农业科技协同创新经验借鉴

（一）组建农业科技协同创新共同体，增强农业科技协同创新活力

北京有农业科研院所、高等院校、涉农企业等20个创新主体，各类创新主体资源互补、协同创新，致力于破解制约北京市农业发展的重大科学问题、重大技术瓶颈，并制定了推动区域农业产业发展的政策和制度，为推进北京市农业科技创新和现代农业发展的宏观决策提供理论与技术支撑；上海通过大力发展生物制品、工厂化栽培、农产品精深加工和农业信息化等高技术含量、高附加值农业高新产业，采用"公司+科技+基地（联农户）"和订单农业的模式，着力培育以家庭农场、农民专业合作社、农业产业化龙头企业为代表的农业科技协同创新型农业经营主体；吉林、辽宁、黑龙江、内蒙古，组建由吉林省农业科学院、辽宁省农业科学院、黑龙江省农业科学院、内蒙古自治区农牧业科学院、黑龙江省农垦科学院组成的玉米秸秆农业科技协同创新联盟。

（二）科学制定发展规划，推动农业科技协同创新发展

北京协同周边地区，颁布《京津冀农业科技创新联盟发展规划纲要（2017—2020年）》，以科技计划引领农业产业协同创新联盟发展；吉林坚持需求和问题导向，以实现农业增效、农民增收为总目标，由国家农业科技创新联盟主导顶层设计，整合优化吉林省农业玉米秸秆科研布局；辽宁制定《辽宁省农业科学院科技成果转化和技术转移管理办法》等制度，通过完善科技成果转化运行机制，发挥了农业科研单位在科技成果转移转化中的作用，激发了科技人员成果转化工作原动力，推动农业科技成果转化为现实生产力；甘肃以农业信息技术延伸和拓展政府服务为手段，转变各级农业行政部门职能，提高服务"三农"的水平。

（三）推进农业科技创新成果转化，有效推动农业高质量发展

陕西与域内多个地级市进行创新成果的对接工作，推动了多个农产品新品种和新技术的落地转化和应用，有效带动产品增产、农民增收和资源节约；山东选择若干示范基地，加快推进已有农业技术的运用与推广，结合不同地域实践经验，改进和提升现有生产技术的适应性，提高农业科技创新成果转化率；上海大

力开展科技入户工程，面向本市推广、科研、教学机构，选聘农业高级技术专家，组成市级农业科技入户工程专家组，开展制定技术项目和培训及联合开展重大技术难题攻关，同时，结合科技入户工程示范区县工作内容，开展核心示范场、科技示范场、典型辐射户、科技辐射户建设，从而进一步扩大农业科技成果转化效果。

（四）大力推进信息化建设，为农业科技协同创新提供信息化保障

江苏一方面构建以综合信息服务平台为"一体"，以"万家企业"及"百万农户"为"两翼"的"一体两翼"农业科技协同创新信息平台，另一方面完善覆盖全省的农村基层信息服务站，构建、完善了市场化运营与公益服务相结合的农业信息化服务机制。

（五）完善农业科技协同创新推广体系建设，为农业科技成果运用提供物质保障

河南建立产学研示范基地，推动技术链与产业链双向融合，实施企业科技特派员行动计划，以示范基地为载体，密切关注企业发展需要，加强高校与企业人才和技术对接，促进成果转化及产业化；上海通过整合资源，构建了以农业技术推广服务为中心，农业科学院等机构与社会涉农组织群体有机结合，结构明晰、职能明确、体制合理，包括专业技术协会、农业龙头企业、特色农业基地和农业科技园等模式的、多元化的农业技术推广体系；江苏构建总店、分店、便利店三级体系的"科技服务超市"，实现集专家团队现场服务、电话咨询及"网上总店"于一体的，将日常服务与集中活动相结合的农业科技协同创新科技服务"三农"的新模式，整合资源，集成优势，为农民增收致富提供便捷、实效、长效的科技服务。

（六）构建紧密型生产合作经营组织，成为农业科技协同创新的重要载体

宁夏通过中国农业科学院、中国科学院等科研机构间接从法国、澳大利亚、南非、俄罗斯等国家引进国外小麦种子等资源，以提高当地小麦产量；新疆与中国农业科学院、中国农业大学、新疆农业大学等16家科研院校建立了"政产学研用"的紧密合作机制，累计共建成国家瓜类工程技术研究中心等创新平台40个；山东省以由生物工程种苗公司、特菜生产基地公司、会展信息公司、加工销售公司4个分公司和7个村组成的山东寿光欧亚特菜有限公司为载体，实行"公司+基地+农户"的产业运作机制，打造蔬菜农业科技协同创新产业链。

本 章 小 结

党的二十大报告提出全面推进乡村振兴，坚持农业农村优先发展，巩固拓展脱贫攻坚成果，加快建设农业强国，扎实推动乡村产业、人才、文化、生态、组织振兴，全方位夯实粮食安全根基，牢牢守住十八亿亩耕地红线，确保中国人的饭碗牢牢端在自己手中[1]。世界各国乡村振兴发展历史表明，科技创新是农业乡村振兴的重要引擎，"实现农业持续稳定发展、长期确保农产品有效供给，根本出路在科技"①。

从上述国内外典型国家和地区农业科技协同创新的经验和做法来看，国外农业科技协同创新存在着共同特质。国外农业科技协同创新的主要经验与做法：一是完善农业科技协同创新体系，为农业科技协同创新提供支持；二是构建农业科技协同创新信息平台，提高农业科技协同创新信息化水平；三是颁布相关法律法规，为农业科技协同创新提供制度保障；四是加大农业科技投入经费，保障农业科技协同创新资金需求；五是大力开展农业人才培养，为农业科协协同创新注入强劲动力；六是大力发展农业社团组织，多层面为农业科技协同创新提供服务。国内农业科技协同创新的主要经验与做法：一是组建农业科技协同创新共同体，增强农业科技协同创新活力；二是科学制定发展规划，推动农业科技协同创新发展；三是推进农业科技创新成果转化，有效推动农业高质量发展；四是大力推进信息化建设，为农业科技协同创新提供信息化保障；五是完善农业科技协同创新推广体系建设，为农业科技成果运用提供物质保障；六是构建紧密型生产合作经营组织，成为农业科技协同创新的重要载体。

参 考 文 献

[1] 中共中央关于认真学习宣传贯彻党的二十大精神的决定[N]. 人民日报，2022-10-31（001）.

[2] 翟治芬，周新群，张建华，等. 发达国家农业科技化发展的经验与启示[J]. 世界农业，2015，（10）：149-153.

[3] 刘颖. 发达国家的农业科技创新模式及对我国的启示——美、英、法、德四国的比较分析[J].

---

① 中共中央、国务院印发《关于加快推进农业科技创新持续增强农产品供给保障能力的若干意见》（全文）. https://www.most.gov.cn/xwzx/twzb/hjmsnc/twzbzbzy/201202/t20120227_92691.html，2012-02-07.

改革与战略，2017，33（5）：168-170.

[4] 王永春，刘洪霞，司智陟，等. 国外农业协同创新典型案例及其启示[J]. 基层农技推广，2013，1（1）：43-46.

[5] 郭冬泉. 美国财政支持农业科技创新的机制及启示[J]. 中国农业会计，2018，（2）：24-25.

[6] 熊鹂，徐琳杰，焦悦，等. 美国农业科技创新和推广体系建设的启示[J]. 中国农业科技导报，2018，20（10）：15-20.

[7] 陈红卫，吴大付，王小龙. 英国农业发展现状、经验及启示[J]. 河南科技学院学报（社会科学版），2011，（5）：17-20.

[8] 李媛. 英国农业概况及成功经验[J]. 云南农业，2003，（1）：27.

[9] 吴峰. 英国农业技术创新路径分析[J]. 全球科技经济瞭望，2009，24（8）：10-16.

[10] 王娟，李国杰，王丹丹，等. 日本农业科技创新型人才队伍建设及对我国的启示[J]. 高等农业教育，2014，（4）：124-127.

[11] 孟莉娟. 美国、法国、日本农业科技推广模式及其经验借鉴[J]. 世界农业，2016，（2）：138-141，161.

[12] 李敏. 美日法三国现代农业科技政策探析及经验借鉴[J]. 改革与战略，2017，33（8）：193-195，199.

[13] 高强，孔祥智. 农业科技创新与技术推广体系研究：日本经验及对中国的启示[J]. 世界农业，2012，（8）：9-16.

[14] 韩军. 典型国家和地区农业科技推广人才培养的比较与借鉴[J]. 世界农业，2015，（5）：167-171.

[15] 张燕. 日本农业保护政策与东亚贸易自由化的推进[J]. 人民论坛，2014，（34）：239-241.

[16] 顾卫兵，蒋丽丽，袁春新，等. 日本、荷兰农业科技创新体系典型经验对南通市的启示[J]. 江苏农业科学，2017，45（18）：307-313.

[17] 施标，张晨，吴爱忠. 韩国农业现代化发展的经验与启示[J]. 上海农业学报，2013，29（6）：142-145.

[18] 张艳. 韩国农业信息化发展及对中国的启示[J]. 世界农业，2010，（4）：46-48.

[19] 王燕燕，刘承礼. 韩国农业发展考察报告[J]. 经济社会体制比较，2006，（4）：139-143.

[20] 万宝瑞. 印度农业科技体制的组织框架、运行机制及其启示——印度农业科技体制考察报告[J]. 中国农村经济，2007，（9）：77-80.

[21] 秦佳蕾，李国杰. 印度高等农业教育支撑农业科技进步的经验与启示[J]. 世界农业，2012，（8）：108-112.

[22] 刘海玲. 印度农业现代化发展对我国的启示[J]. 农业考古，2009，（3）：322-324.

[23] 张忠，牟少岩，吴飞鸣. 以大学为依托的印度农业科技推广模式与借鉴[J]. 高等农业教

育，2013，（10）：124-127.

[24] 王芳. 巴西扶持农业发展的主要做法[J]. 党建研究，2006，（9）：58.

[25] 农发行 2018 年赴巴西学习考察课题组. 巴西现代农业发展的启示[J]. 农业发展与金融，2019，（2）：105-110.

[26] 王晶，翟琳，徐明，等. 巴西农业科技体制改革发展研究[J]. 世界农业，2015，（10）：43-46.

[27] 韦艳宁. 巴西现代化农业发展支持政策研究[J]. 世界农业，2014，（7）：82-85，211.

[28] 杨瑞珍. 巴西现代农业的发展及其对我国的启示[J]. 中国农业资源与区划，2008，（5）：76-79.

[29] 闫湘. 丹麦的环境保护[J]. 生态经济，2007，（10）：151-154.

[30] 林若扬. 丹麦农业科技创新体系的特点及启示[J]. 生产力研究，2004，（12）：143-144，223.

[31] 彭健. 丹麦猪营养与管理技术及其对中国养猪业的启示[J]. 饲料工业，2016，37（21）：1-8.

[32] 王星飞. 丹麦农民教育的成功经验与借鉴价值[J]. 世界农业，2016，（6）：194-198，224.

[33] 龚春红. 丹麦农业创新体系特点及对我国的启示[J]. 农业经济，2006，（8）：41-42.

[34] 焦宏，杨瑞雪. 陆海农业：中国农业现代化的新趋向[N]. 农业日报，2022-03-24（008）.

[35] 耿爱莲. 家禽养殖模式的创新研究与发展趋势[J]. 中国家禽，2010，（2）：8-11.

[36] 邱密，李建军. 荷兰 Rondeel 协同创新主体及机制研究[J]. 科技进步与对策，2014，31（15）：48-52.

[37] 詹吉英，顾孟迪，李干琼. 发达国家农业科技发展比较研究及对我国的启示[J]. 安徽农业科学，2005，（11）：2178-2180.

[38] 龙吉泽. 新西兰的农业经营与管理[J]. 时代农机，2015，42（11）：167-169.

[39] 于战平. 新西兰现代农业发展的特点与启示[J]. 世界农业，2011，（7）：64-67.

[40] 李晓俐. 新西兰、澳大利亚农业发展经验[J]. 新农村，2013，（11）：36-38.

[41] 蔡伟. 新西兰的农业改革和科技创新[J]. 世界农业，2014，（8）：169-171.

[42] 张明林. 新西兰猕猴桃产业管理经验及其对我国区域特色产业发展的启示[J]. 科技广场，2016，（5）：144-146.

[43] 张晨，赵志辉，刘鸿艳，等. 外国经验对上海农业科技协同创新的启示[J]. 上海农村经济，2014，（7）：24-27.

[44] 王长宏. 赴意大利考察农业[J]. 世界农业，1989，（7）：29-30.

[45] 龚晶，孙素芬，于峰. 意大利农业信息服务体系及其启示[J]. 世界农业，2017，（2）：141-144.

[46] 杨勇华. 意大利山区开发对江西丘陵山区农业发展的启示[J]. 江西教育学院学报（社会科

学），2003，24（5）：33-36.

[47] 张曦，徐玉波. 意大利农业发展及其在欧盟中的地位研究[J]. 世界农业，2016，（1）：
59-61.

[48] 张志恒，吴电. 意大利的有机农业[J]. 农村工作通讯，2006，（9）：63.

[49] 杨士谋. 意大利的农业教育[J]. 世界农业，1982，（6）：52.

[50] 赵建华. 意大利：农业社会化服务系统[J]. 中国老区建设，2001，（5）：57.

[51] 张曼婕. 意大利农业发展状况及其主要措施分析[J]. 世界农业，2014，（7）：162-165.

[52] 包春丽. 以色列节水法律制度及对我国的借鉴和启示[J]. 法制与经济（中旬刊），2009，
224（12）：150-151.

[53] 李梦. 南疆典型区设施园艺不同模式技术效率比较研究[D]. 塔里木大学硕士学位论文，
2021.

[54] 盛立强. 首席科学家办公室在以色列农业科技管理体系中的地位与作用研究[J]. 世界农
业，2013，（4）：115-118.

[55] 吴志鹏，薛永祥. 德国、以色列现代农业考察报告[J]. 中共南宁市委党校学报，2009，
22（1）：48-50.

[56] 杨乙丹，王兵. 以色列"无缝隙"农业科技推广体系建设的成功经验[J]. 世界农业，
2013，（3）：102-106.

[57] 李强，冯中朝. 以色列农业科研发展特征与运作条件[J]. 农村经济与技术，1998，（6）：
37-39.

[58] 郭善竹. 西班牙有关农业扶持政策的特点[J]. 世界农业，2007，（2）：30-32.

[59] 农发行赴西班牙和瑞士出访团. 西班牙、瑞士考察报告及启示[J]. 农业发展与金融，
2019，（3）：89-92.

[60] 童彤. 法国：有机农业面积超过西班牙[J]. 中国果业信息，2022，39（3）：48.

[61] 文礼章. 西班牙的生态农业[J]. 世界农业，2004，（9）：39-41.

[62] 范明杰，付红波，李玉洁，等. 西班牙生物科技及产业现状与特点[J]. 中国生物工程杂
志，2008，28（8）：1-3.

[63] 赵杰，王惠平. 西班牙农业合作社考察情况及启示[J]. 财政研究，2007，（7）：76-78.

[64] 韩强. 农业高校协同创新：模式、问题与对策[J]. 高等农业教育，2013，（5）：15-19.

[65] 金淑荣. 吉林省丘陵地区农业机械化推进模式的探讨[J]. 河北农机，2016，（3）：25.

[66] 曾钦友，张璇. 数字普惠金融助力吉林省农业发展的现状分析[J]. 吉林金融研究，2022，
（5）：22-24，58.

[67] 朱思雄，祝大伟. 吉林毫不放松抓好粮食生产[N]. 人民日报，2023-02-05（01）.

[68] 赵雅君，由莉莉，魏清瑰，等. 吉林省农业绿色发展现状与对策研究[J]. 农业与技术，
2022，42（4）：160-163.

[69] 王向南. 吉林省农业科技创新动力机制探究[J]. 产业与科技论坛，2019，（14）：211-212.

[70] 张淼. 辽宁省农业种质资源保护与利用的现状与对策建议[J]. 辽宁农业科学，2020，（6）：62-63.

[71] 李滨，戴武俊. 智慧农业背景下辽宁省农业转型发展探究[J]. 南方农业，2022，16（2）：185-188.

[72] 陈璐怡. 辽宁省现代农业绿色发展路径研究[J]. 山西农经，2022，（13）：154-156.

[73] 孙大为，崔玥晗，张淼. 辽宁省农业科学院种业研发现状及对策[J]. 辽宁农业科学，2022，（4）：63-65.

[74] 高香兰. 辽宁省农业科技人才队伍建设现状与对策分析[J]. 辽宁农业科学，2020，（5）：66-68.

[75] 黄紫静. 辽宁省农业经济与农业可持续发展耦合协调分析[J]. 国土与自然资源研究，2021，（5）：72-75.

[76] 赵博，李豪，路燕，等. 促进河南省农业科研系统协同创新合力发展的实践探索[J]. 农业科技管理，2018，37（2）：25-28.

[77] 王健，张征，张正河. 山东省农业经济空间布局——基于探索性空间数据的实证分析[J]. 技术经济，2013，32（1）：51-58.

[78] 刘秀玉. 山东省农业科技协同创新模式研究[J]. 乡村科技，2018，（34）：46-47.

[79] 王昌森，董文静. 乡村振兴战略下农业可持续发展政策的完善路径研究——以山东省为例[J]. 东北农业科学，2018，43（4）：48-52.

[80] 肖旦飞，肖岳峰. 专业化农业小城镇形成机理研究——以中国蔬菜之乡山东寿光为例[J]. 安徽农业科学，2010，38（3）：1475-1477，1481.

[81] 赵冰. 科学技术在山东寿光蔬菜产业发展中的作用[J]. 重庆社会主义学院学报，2009，11（3）：94-96.

[82] 王欧，吴文良. 生态农业与特色型园区的发展——山东寿光蔬菜高科技示范园发展的实证分析[J]. 农村经济，2003，（6）：36-38.

[83] 韩天琪. 江苏农村科技服务超市服务模式运行研究[D]. 南京农业大学硕士学位论文，2015.

[84] 潘春燕. 江苏省农村科技服务超市运行机制和建设研究[D]. 南京农业大学硕士学位论文，2011.

[85] 王润润. 江苏率先实现农业基本现代化的产业化信息化融合发展路径研究[D]. 南京邮电大学硕士学位论文，2012.

[86] 韦金河，刘志凌，薛飞，等. 江苏省农业科学院科技产业发展的实践与思考[J]. 江苏农业科学，2016，44（5）：612-614.

[87] 顾军，秦建军. 江苏省农业科技创新成果的转化分析[J]. 江苏农业学报，2014，30（5）：1161-1166.

[88] 李孝忠，李佳辰，李东. 低碳经济视域下黑龙江省农业现代化水平综合评价[J]. 农业经济与管

理，2020，（6）：33-42.

[89] 王天亮，王书瑞. 黑龙江省农业微生物发展现状与对策分析[J]. 黑龙江科学，2021，12（20）：142-143.

[90] 马成燕，杨富江，许国忠. 黑龙江垦区农机现代化及发展建议[J]. 农业机械，2012，（26）：95-96.

[91] 崔宏磊，宋涛. 黑龙江农机作业智能监测信息化指挥系统建设与应用[J]. 农机科技推广，2020，（12）：20-21.

[92] 张斌. 黑龙江垦区农业现状及发展对策[J]. 农场经济管理，2010，（1）：42-46.

[93] 郑淑萍. 浅析黑龙江省节水灌溉技术措施[J]. 黑龙江水利，2015，1（8）：57-60.

[94] 苏毅，刘薇. 陕西百年农业科技发展研究[J]. 中国农学通报，2020，36（31）：148-158.

[95] 孙卫良. 打造全国一流农业科技创新高地[J]. 江苏农村经济，2012，（12）：18-20.

[96] 发挥新型智库联盟优势 推动沿边经济社会发展[J]. 经济纵横，2017，（8）：1-21.

[97] 李建萍，刘建安. 加强农业科技条件平台建设的实践与思考[J]. 农业科技管理，2008，（5）：48-50.

[98] 张立华. 甘肃旱作农业现状及发展对策探讨[J]. 农业科技与信息，2010，（6）：18-19.

[99] 赵晓菲. 甘肃省农业产业转型发展研究[D]. 兰州大学硕士学位论文，2021.

[100] 吕迎春. 加强农业科技创新 支撑甘肃现代农业发展[J]. 农业科技管理，2010，29（3）：36-38.

[101] 甘肃将实施农村信息化六大工程[J]. 农业工程技术，2017，37（15）：36.

[102] 彭建，赵士权，田璐，等. 北京都市农业多功能性动态[J]. 中国农业资源与区划，2016，37（5）：152-158.

[103] 陈玛琳，周中仁，陈慈. 北京粮经产业结构调整成效及下一步调整方向思考[J]. 北方园艺，2019，（15）：141-147.

[104] 陈俊红，陈慈，冯献. 北京农业科技创新服务联盟发展对策研究[J]. 科技管理研究，2014，34（22）：58-62，67.

[105] 黄映晖，孙世民，史亚军. 北京都市型现代农业社会化服务体系创新模式研究[J]. 中国农学通报，2010，26（20）：444-447.

[106] 张士林. 上海市构建新型农业经营体系研究[D]. 中共上海市委党校硕士学位论文，2016.

[107] 曹祎遐，耿昊裔. 上海都市农业与二三产业融合结构实证研究——基于投入产出表的比较分析[J]. 复旦学报（社会科学版），2018，60（4）：149-157.

[108] 张莉侠，赵志辉. 上海依靠农业科技提升特色农产品附加值的思考[J]. 上海农业学报，2014，30（5）：1-5.

[109] 顾雄. 上海市农业技术推广体系发展研究[D]. 南京农业大学硕士学位论文，2013.

[110] 王劲松，张富国，杨晓洁. 加强农业科技协同创新的实践与思考——以宁夏农林科学院为例[J]. 农业科技管理，2014，33（3）：17-19.

[111] 路洁，杨晓洁，黄亚玲. 宁夏农业科技协同创新的实践效应分析[J]. 宁夏农林科技，2017，58（9）：60-62.

[112] 周立山. 浅析宁夏农业可持续发展中节水灌溉技术的应用[J]. 农村经济与科技，2022，33（22）：52-54.

[113] 黄亚玲，杨晓洁. 宁夏农业科技协同创新经济环境和条件浅析[J]. 宁夏农林科技，2017，58（5）：46-49.

[114] 王国章. 中国设施农业机械化状况及科学发展对策[J]. 南方农机，2019，50（6）：26.

[115] 宋梦飞，蒋志辉，吴秋屹. 新疆农业绿色发展水平及区域差异分析[J]. 塔里木大学学报，2022，34（4）：77-87.

[116] 刘朝宇. 新疆农业机械使用现状与维修保养[J]. 农业工程技术，2021，41（29）：57-58.

[117] 王文有，李强. 打造干旱荒漠地区现代农业创新发展高地——记新疆昌吉国家农业科技园区[J]. 中国农村科技，2018，（5）：34-38.

[118] 魏振知，吴正平，马春蕾，等. 新疆农业科技园区创新能力评价指标体系构建[J]. 农村经济与科技，2022，33（2）：144-145，186.

[119] 魏志甫. 法治与市场：培育新型农业经营主体的国际经验及借鉴[J]. 经济研究参考，2015，（58）：29-40，51.

[120] 王义明，王秀芳. 荷兰、德国农业科研与教育机构财务管理特点及对我国的启示[J]. 经济师，2006，（10）：112-113.

第三章　农业科技协同创新的内涵及实现机制

我国农业发展已进入由传统农业向现代农业、由生产主导型农业向技术主导型农业转变的新阶段，"实现农业持续稳定发展、长期确保农产品有效供给，根本出路在科技"[①]。农业科技协同创新作为农业经济发展中的一种创新活动、一种创新理论，与农业科技协同创新动力系统、条件系统、过程系统、调控系统及要素之间相互联系、相互作用的内容和方式密切相关，其成功实现是多种要素相互作用的结果。正是这些系统及要素之间的相互作用与协同，提升了农业综合生产力，实现了农业增效、农民增收，保障了有效供给农产品和国家粮食安全，推进了农业现代化持续发展。因此，农业科技协同创新理论重要研究内容之一是深入研究农业科技协同创新机制。

第一节　农业科技协同创新的内涵及特征

一、协同创新的内涵及特征

（一）协同创新的内涵

1912 年美籍奥地利经济学家熊彼特提出创新理论，其在《经济发展理论》一书中提出，创新是一个经济范畴，是建立一种新的生产函数，反映了技术、经济、社会相结合的综合效应，是经济发展的动力和源泉。随着科技的进步，创新理论与实践深入发展，创新不再是孤立事件，其呈现出时间上的不均匀分布和集

---

① 2012 年中央一号文件（全文）. https://www.farmer.com.cn/2019/06/30/99840194.html，2019-06-30.

群性，倾向集中在农业及其邻近部门。

经济发展的每个阶段都需要寻求驱动力。迈克尔·波特最早把创新驱动作为经济发展的阶段，他认为，创新是推动经济增长的主动力，要素和投资由创新来带动，创新的第一阶段是要素驱动阶段，第二阶段是投资驱动阶段，第三阶段是创新驱动阶段，第四阶段是财富驱动阶段[1]。

1971年，德国学者赫尔曼·哈肯在系统论中研究认为，1+1>2协同效应的产生得益于系统中各子系统的相互协调、合作或同步的联合作用及集体行为。协同理论的核心是自组织理论，强调差异与协同的辩证统一，系统的整体行为取决于系统内子系统间的相互作用。

科学的功能决定了科学发现创造知识、科学发明创造技术，科学发现所创造的知识成为技术创新的基础和源泉[2]。纵观科技革命的发展，科学发现和技术创新的融合与协同的趋势越来越明显，许多重大科技成果的完成来自不同创新主体的深度交叉融合与相互合作，越来越多的学者关注协同创新的研究。在切萨布鲁夫"开放式创新"和埃茨科威兹的"三螺旋"理论基础上，有学者对协同创新的内涵进行了深入探讨，他们对协同创新内涵的界定如表3-1所示。

表3-1　学者对协同创新内涵的界定

学者	协同创新的内涵
陈劲和阳银娟[3]	是政府、企业、大学等相关合作主体，以延伸知识价值链为核心、以完成科技创新重大突破为目标而进行的跨领域整合创新模式
赵立雨[4]	是一个技术创新网络扩张复杂的系统工程，需要以系统观念对各种创新要素的有效整合和创新资源在创新网络中的无障碍流动进行综合考量
刘丹和闫长乐[5]	是基于系统化、网络化的创新范式，系统内众多成员与创新要素密切协同合作，从而实现技术或产品从创新产生至技术扩散的整个过程
李文博[6]	是以组织目标为努力方向，引入创新过程，实现不同创新主体优势资源相互协商、合作与整合，实现整体效益大于单个资源效益的协同创新功能
解学梅和刘丝雨[7]	是以追求高经济效益和社会效益为目标，跨界整合企业、政府、科研机构、大学、中介机构和用户等不同合作主体优势资源，实现协同创新增值
王新新[8]	是依据创新目标与任务，在发挥各创新主体优势与能力的基础上，以高效运行机制，汇聚、整合和共享创新资源，突破创新主体活力，加速技术推广应用和产业化
石贵舟[9]	是指为实现创新目标，通过构建合作协议或机制，促进各参与的创新主体发挥自己最大优势和功能相互协作与协同，从而达到最佳创新效果的过程

综上所述，本书认为协同创新是高校、政府、企业、科研机构、科技中介机构等相关创新主体，发挥各自优势，基于战略、知识、组织的协同，进行科技产业化研发及转化应用，实现科技创新的突破，提升科技创新的质和量的合作方式。本质上属于合作创新的实现形式。

（二）协同创新的特征

1. 创新资源具有优势互补性

现代科技的飞速发展，使得技术创新的不确定性越来越大，这强化了创新资源的稀缺性，凸显了企业内部技术创新能力的有限性。协同创新是一种网络组织形式，是高校、政府、企业、科研机构、科技中介机构等相关创新主体基于共同技术创新目标而建立的，这些创新主体通过对自身所拥有的有价值的、稀缺性的、不可替代的人才、资金、技术和信息等创新资源的整合，发挥各自最大的优势和功能，实现优势互补，从而通过合作以独特竞争优势，更好地整合利用外部优势资源，从竞争力和抗风险层面，提高自身的能力与效益。

2. 创新环境具有动态共生性

协同创新是各创新主体及其要素，根植于开放式创新和网络化创新动态环境，形成彼此连接、彼此依存、互通互动、共生共荣、有机集聚的具有动态性、开放性、多样性、适应性、不断演化性和自我超越性的生态系统。哈肯研究认为，协同学中的序参量的变化是当系统从稳定到非稳定状态过渡时，打破原有状态的关键，因此，系统变革的重要因素在于序参量的正确识别及改变[10]。协同创新系统中任何一个序参量的变化，都会打破原有的生态竞争格局，重新分配利益，催生新的协作关系，建立新的协同创新生态系统。创新环境的生态共生性是协同创新系统高效运行的重要保障。

3. 创新合作具有关系契约性

协同创新是多个主体多次长时间的协调和交易，其研发合作交易复杂且不确定，容易产生机会主义行为，双方缔结有效的契约，以正式和非正式制度安排，实现互相依赖、共担风险、共享收益。并且，契约很难一次完成，需要随着交易时间的延续而不断修正，关系具有嵌入性，自动履约机制在重复合作时显得更加重要，经济行为嵌入社会网络之中，将大大降低交易费用。

4. 创新成果具有相融共享性

协同创新的过程是各主体隐性知识与显性知识的相互融合、转换和提升的过程，每一次重大科技创新的实现，都需要各参与主体通过技术人才、专利许可、项目培训、人员交流，实现创新资源共享，形成协同创新系统的竞争优势，其本质属于知识管理的协同发展，以转移、吸收、消化、共享、集成、利用与再创造知识，最终实现创新成果的相融与共享。

二、农业科技协同创新的内涵

协同与传统的合作与组合存在着不同，协同过程是各要素从非协同关系走向协同关系、经多次博弈形成趋于合作纳什均衡的复杂过程，协同最终体现的是系统整体最佳功能，而非要素最佳状态，即最大化的既定资源条件下的创新绩效[8]。农业科技协同创新作为农业经济发展的一种模式，是指围绕农业产业发展需求，基于共同利益，通过合理分工、资源共享、优势互补的协作，以科研机构、高校、农业企业、政府、各类中介服务机构和农户等的协同，开展农业创新资源的整合与创新主体的互动，依托技术环境、市场环境、制度和体制环境、社会和文化环境共同作用，形成农业科技协同创新能力，通过引进、消化、再创新、集成创新或原始创新的方式，进行产业共性、关键技术和前沿技术的研究、攻关、集成和示范，提升农业科技创新和成果产品化、商品化、产业化的转化水平，促进农业产业链与技术链双向融合，获取农业科技创新及农业科技成果转化的帕累托最优效果，提高农业综合生产力，实现农业增效、农民增收，有效供给农产品和保障国家粮食安全，持续推进现代化农业发展。

三、农业科技协同创新的特征

（一）农业科技协同创新具有差异性

农业科技协同创新既具有一般的协同创新特征，即创新资源、创新环境、创新成果、创新趋势等要素，还具有获取性、生态性、共享性、持续性等特点。同时，研究对象的特殊性、影响因素的复杂性、准公共产品特性和正外部效应，使得发明创造周期较长、难度较大，充满不确定性。因此，单纯依靠科学技术和市场经济调节等不足以提供有效的创新支持环境，往往合作动机、目标的差异及冲突，会让合作关系处于不稳定状态甚至面临解体的危险，以及市场低效和市场失灵现象的存在，更使政府调控的作用显得尤为必要。与其他领域的协同创新相比，农业科技协同创新具有显著的差异性特征，受需求不足和供给不足的双重约束，具体表现为地域性、公共性、长期性、风险性。经济结构、制度类型、资源禀赋、技术条件、文化要素、生态环境的不同，决定了农业科技协同创新模式的不同。因此，要充分发挥政府的主导作用，针对区域特有的植物和动物，依据自身地理气候、自然资源、环境条件，综合考量经济效益、社会效益和生态效益，因地制宜运用农业生产措施、物质手段、操作程序，构建农业科技协同创新体系，形成农业科技协同创新模式。

（二）农业科技协同创新具有明确的组织目标和共同愿景

美国麻省理工学院的彼得·葛洛研究员认为，协同创新是一种组织愿景，起源于自我激励，并通过组成资源互补的人脉网络实现相互交换信息、沟通、交流思想与构想等，以协同合作达成共同的组织目标[11]。价值取向和目标定位的一致性是协同创新形成明确目标和共同愿景的根本前提，并且能够激发各参与主体把焦点放在追求全过程的目标上，而非次要目标，实现组织系统的自我超越。农业科技协同创新的目标和共同愿景，一方面具有层次性，具体表现如下：从宏观层面上来看，通过构建现代农业科技协作攻关体系，推进国家、区域层面农业产业链与技术链双向融合，建立现代农业经济体系，保障国家、区域粮食安全，提升国家、区域农业竞争力，推进农业现代化建设。从微观层面上来看，通过农业科技创新主体间、主体与外部环境间的知识、技术、资本、信息等多要素创新资源的多维度聚集、融合、互动及多元主体的深度合作，推进某个领域农业产业链与技术链的双向融合，激励协同创新主体努力寻求良好的运行机制，提高价值增值，实现利益最大化。另一方面具有阶段性，依据农业科技协同创新资源、创新条件、创新能力的发展阶段不同，可以通过引进、消化、再创新，集成创新或原始创新方式，实现不同农业发展阶段的农业科技协同创新组织目标和共同愿景。

（三）农业科技协同创新具有合理的内在机制

合理的内在机制决定了农业科技协同创新目标的实现。这种合理的内在机制主要包括农业科技协同动力系统、条件系统、过程系统、调控系统。动力系统给予农业科技协同创新以运行动力，条件系统给予农业科技协同创新以支撑和保障，过程系统给予农业科技协同创新以发展和持续，调控系统给予农业科技协同创新以规范和方向。正是动力系统、条件系统、过程系统、调控系统之间相互联系、相互作用，农业科技协同创新才得以成功实现。正是相互作用与协同的系统要素高效运转，从而提升了农业产业竞争优势与能力，使农业产业呈现持续发展、动态循环的协同创新成为必然趋势。

（四）农业科技协同创新需要内在、外在动力的共同作用

农业科技协同创新的前提在于拥有农业科技协同创新动力，它驱动农业科技协同创新得以开展和实施，是多种作用力协同、协调、共同作用的结果。正是外力系统的农业产业竞争动力、农业科技体制改革动力、区域粮食安全动力、科技创新推动力和内部动力系统的目标利益驱动与内部激励[12]，以及主体创新能力、农业协同创新文化、农业协同创新战略的推动，给予了农业科技协同创新以活

性、组织维度和发展意义。农业科技协同创新的强度取决于外在动力系统拉力强度，而农业科技协同创新的动力源则来自内在动力的持续供给。农业科技协同创新只有在内在、外在动力的共同作用下，才能不断发展。

（五）农业科技协同创新需要多种要素条件的支撑与协同

农业科技协同创新与其他领域协同创新的不同在于，其发生、发展及实现成果产业化需要严格、复杂、广泛的条件要素支撑，具体表现如下：第一，保障农业科技协同创新物质和信息的持续供给，需要构建农业科技协同创新平台；第二，形成区域农业独特竞争优势，需要充分利用区域内部、外部的农业知识资源；第三，保证农业科技协同创新巨额资金，需要进行农业科技协同创新投入资金的运作；第四，农业科技协同创新的制度需求，需要从产权、市场、政府层面不断进行农业科技协同创新的制度创新和供给；第五，确定农业科技协同创新方向，需要战略技术与战略产业的选择。因此，平台、知识资源、资金、制度、技术与战略协同项目等条件相互作用及协同所形成的条件系统的强力支撑，是农业科技协同创新成功得以实现的关键因素[13]。

（六）农业科技协同创新需要协同创新文化、战略、制度的调控

农业科技协同创新是科技资源的合理配置和重新整合，以符合农业科技创新目标的实现。但基于各创新主体所持利益诉求和出发点的差异性，其发展方向的正确性和良性运行需要予以调控。因此，要制定农业科技协同创新战略，对区域农业产业发展的内部、外部条件及其相关要素所组成的系统，从区域全局和宏观层次上进行科学规划、定位和调控，保证其方向的正确。需要对各协同创新主体不断以协同创新文化的理念、心理定势、思维方式和价值取向等方式不断进行调控，规范各创新主体的科技创新行为，使其所遵循的社会行动准则和价值体系实现一致和协同[14]。需要以正式制度安排保障各创新主体权益，以持续的制度供给，调控农业科技协同创新过程中的不确定性和交易成本。协同创新文化、协同创新战略、协同创新制度安排的有效调控是农业科技协同创新得以按照既定方向运行的关键，正是这些要素的科学调控，从而使协同创新实现知识、资源、行为、绩效的全面整合，推动农业产业现代化发展。

（七）农业科技协同创新是农业产业开放式创新和系统创新的有机统一

农业科技协同创新贯穿于农业生产产前、产中和产后全过程，与第一、二、三产业密切相关，分布于农业科技研发、转化、推广与应用等农业产业链各环节之中，并汇集生物学、信息科学、化学、营销经济管理等多门学科知识，集聚科研院所、企业、政府等多元主体参与，是一个复杂的综合创新系统[15]，所产生的

协同创新增值效应依赖不同创新主体及创新资源从封闭、分散走向开放、整合和协同，突破了传统的线性和链式模式，呈现非线性、多角色、网络化、开放性的特征。一方面，农业科技协同创新要整合分散在不同部门、区域、学科的农业科技创新主体之间的资源，加强农业科技协同创新主体间的交流沟通和合作研究，从而从外部和内部获得有价值的创新要素和资源，实现创新系统效率整体的大幅提升，最终形成优于各个要素之间整体的竞争优势与创新能力，产生协同效应或整体突变性。另一方面，农业科技协同创新作为一个系统工程，系统整体性协同度越高，互动性越强，协同度越低，互动性越低，功能整体性也越低。因此，农业科技协同创新内含了开放式创新与系统创新，正是这种"耦合的有机统一"为农业科技协同创新提供了信息、物质和能量，保证其自组织有序发展。

（八）农业科技协同创新是产业链与技术链双向融合的过程

产业发展和科技创新的互动内生关系，决定了产业创新是科技创新的终端，只有实现产业创新和科技创新之间的有效衔接，才能使科技创新成果充分转化为现实的生产力[16~18]。当前全球农业竞争是整个农业产业体系的竞争，许多发达国家农业产业体系始终保持着旺盛的创新能力，在很大程度上是因为整合了集产前、产中、产后环节在内的育种、生产与加工、储运与保鲜、包装与营销、科技等在内的整个产业链的力量进行协同创新[19]。农业科技协同创新正是以科研机构、高校、涉农企业等技术链主体与涉农生产企业、农户、专合组织协会等农业产业链主体的协同，实现创新资源的整合与创新主体的互动，以资源共享或优势互补所形成的共同利益为基础，借助合理分工协作，实现基础、应用和技术三个层面研究的交互性、融合性，使不同类型协同主体的探索性研究、需求导向研究与未来战略性产业有机结合，双向融合农业产业链与技术链，使农业科技协同创新及其科技成果转化达到帕累托效果最优。

第二节　农业科技协同创新的实现机制

一、农业科技协同创新机制概述

机制是指有机体的结构、功能和相互关系的体系。农业科技协同创新机制是指农业成功实现科技协同创新的内在结构要素及其相互作用所形成的体系，主要由农业科技协同创新的动力系统、条件系统、过程系统、调控系统组成（图 3-1）。正是这些农业科技协同创新要素及各系统之间的相互影响、相互作用，提升了农业综合生产力，实现了农业增效、农民增收，保障了有效供给农产品和国家粮食安全，推进了现代化农业持续发展。

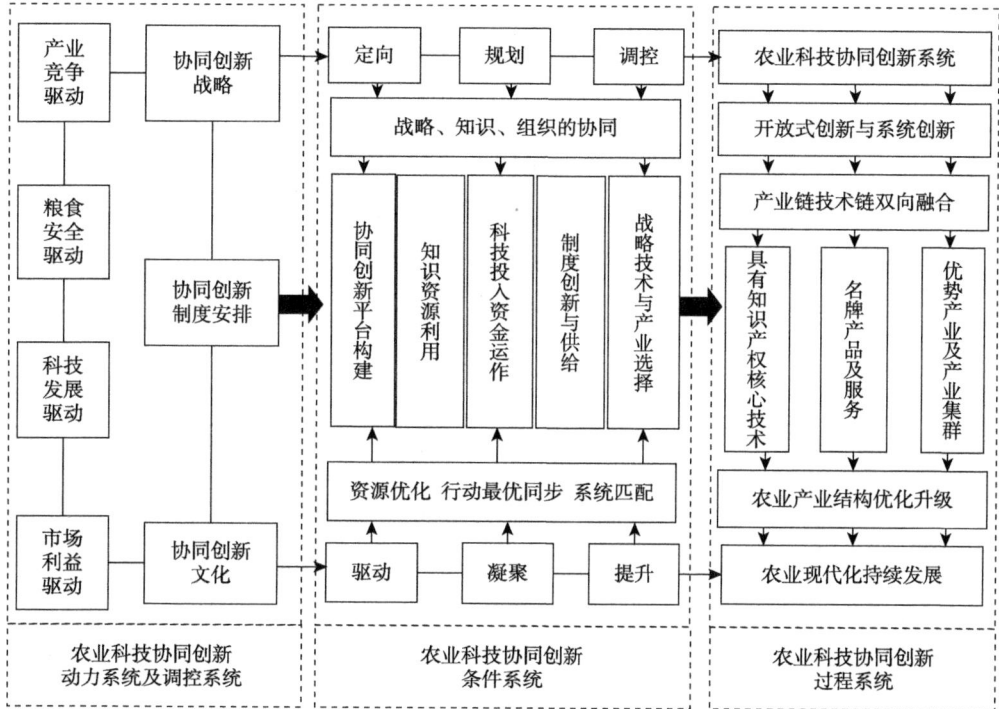

图 3-1　农业科技协同创新机制模型

　　农业科技协同创新与其他领域的协同创新相比，具有显著差异，受需求不足和供给不足的双重约束，具体表现为地域性、公共性、长期性、风险性。因此，农业科技协同创新的实现需要充分发挥政府的主导作用，在外在动力的共同作用下，形成明确的组织目标和共同愿景，从平台构建、知识资源和科技投入提供、制度创新和供给、战略技术与战略产业选择等层面为农业科技协同创新给予多种要素条件的支撑，辅以协同创新文化、战略、制度的调控以保证其发展方向和良性运行，并构建适宜的农业科技协同创新系统，选择合适的农业科技协同创新模式，通过动力系统、条件系统、过程系统、调控系统及其内在相关要素之间的相互作用与协同，构建合理的实现机制，达到农业产业开放式创新与系统创新的有机统一，实现产业链与技术链的双向融合，使农业产业呈现协同创新持续发展、动态循环的必然趋势。

二、农业科技协同创新的动力系统

任何一项经济活动总是受某一动力支配，才得以开始、开展及持续。农业科技协同创新动机的产生来自农业科技协同创新动力的驱动，并最终变成物质的实际行动作用于农业科技协同创新行为的全过程。农业科技协同创新的前提是要有足够的内在、外在动力，并且这些多种作用力互相协调、共同作用，从而形成农业科技协同创新的内部、外部驱动合力。外部动力系统主要包括农业产业竞争驱动、区域粮食安全驱动、科技发展驱动、市场利益驱动。内部动力系统主要包括协同创新文化驱动、协同创新战略驱动（图3-2）。

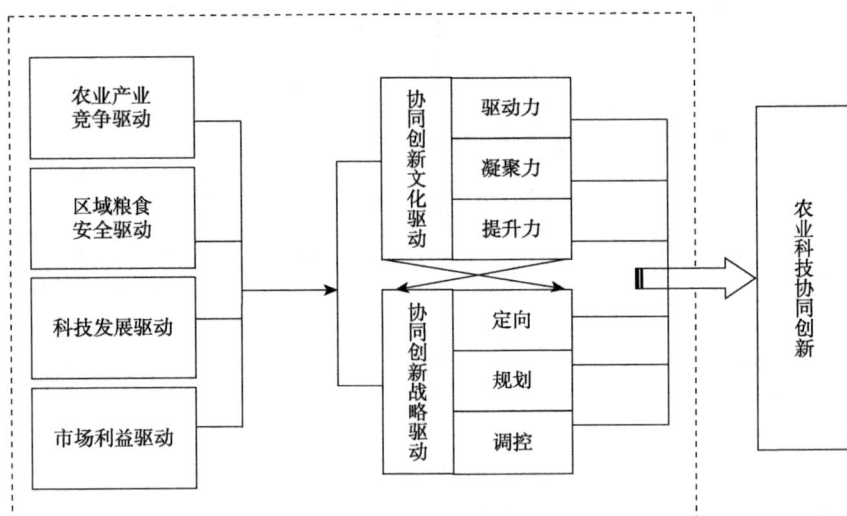

图 3-2　农业科技协同创新动力系统模型

（一）外部动力系统

1. 农业产业竞争驱动

当前全球农业竞争是整个农业产业体系的竞争，许多发达国家农业产业体系始终保持着旺盛的创新能力，在很大程度上是因为整合了集育种、生产与加工、储运与保鲜、包装与营销等产前、产中、产后环节在内的整个产业链的力量进行协同创新[19]。然而，当前我国农业科技创新面临着挑战。从类型上来看，常规技术多、重大关键技术和创新技术少，产量技术多、品质技术少，生产技术多、加工技术少，知识形态技术多、转化为现实生产力的技术少；从导向性上来看，目标从提高粮食产量、提升粮食质量向保障粮食安全转变；从空间上来看，从农业全产业链上游向中游、下游移动；从形式上来看，由以某一生产领域单个农业关键性技术突破为主转变为"从种子到餐桌"实现多种农业技术的功能集成为主[20]。我国农业发展已进入由生产主导型向技术主导型，由传统农业向现代农业转变的新阶段，参与全球农业产业竞争，构建完善的农业科技创新机制，有效整合部门、区域、学科的各类科技资源，大力开展农业科技协同创新已成为新时代农业科技创新的必然选择。

2. 区域粮食安全驱动

随着国际粮食贸易的发展，跨国企业对国际粮食贸易各个环节的垄断加剧，纵向一体化格局明显；持续走高的粮价总趋势，价格波动的常态化；偏紧的供求趋势，以及粮食出口大国为自身利益通过休耕、发展生物质燃料等方式推高粮价，使国际粮价持续高位运行；粮食能源化及全球气候异常变化造成对粮食生产不稳定预期，使粮食价格不但持续走高，价格波动也更为频繁，导致各国粮食市场对国际粮价的反应越趋敏感，粮食消费高于生产的增速，进而引发供需缺口持续增加。21 世纪以来，我国粮食安全不仅表现为产品供给的不安全，还表现为土地、水等资源的约束及科技创新支撑能力不足、高成本低收益等引发的不安全。种种问题依靠传统创新模式已无法解决，唯有进行全方位、开放式、网络化的农业科技协同创新，才是保证区域粮食安全的根本路径。

3. 科技发展驱动

科技发展驱动力，一方面表现为农业科技发展日新月异呈跨越式发展，这种与时俱进的科技发展规律，自组织地推动区域适应环境变化和时代要求进行农业科技协同创新。另一方面表现为农业科技需求的拉动，如我国农业科技需求主要集中于农产品有效供给和食物安全、非优势农产品国际竞争力、优势农产品市场竞争力、提高产品质量、保护生物安全、增加农民收入、节约农业稀缺资源、保护生态环境、实现农业和农村可持续发展等方面的技术。农作物生产往往需要优质土壤、作物良种、非生物与生物环境等多方面因素的综合调控和技术支持，一个因素的突破需要多方面因素的互动，农业自身科学与技术的发展、融合与需要，推动了各主体之间的互动、合作与交流，催生了高校、科研院所、涉农企业、农户等主体的农业科技协同创新。

4. 市场利益驱动

科技创新作用于经济增长所产生的实质结果在于科技成果转化为现实生产力。市场利益的强大驱动，一方面能够将高校被"冷冻"在实验室的科研成果，通过商业化手段的运作，转化为现实生产力，从而获得科研支持经费收入。另一方面能够使涉农企业获得外部技术支持，突破自身研发资源不足、研发经费短缺的局面，从而有利于增强涉农企业在市场上的竞争地位，提高企业的经济效益。

市场竞争规则所产生的优胜劣汰机制，使涉农企业不仅要居安思危，还要积极主动地寻求技术、资金、人才等外部创新要素，与不同的创新主体进行合作，实现持续、卓越的发展。获取最大市场利益是农业科技协同创新的根本驱动力。

（二）内部动力系统

1. 协同创新文化驱动

农业科技协同创新的动力源在于形成协同创新文化。文化协同在农业科技协同创新系统中具有"增效作用"，分为内在精神文化协同和外在制度文化协同，内在精神文化以组织文化、价值观、研究精神等使各协同创新主体形成内在意识形态集合，影响整个系统与个体的行为及心理；外在制度文化是以制度、规则、规定等使各协同创新主体形成知识生产及创新制度规范，驱动各创新主体调节合作的深度、广度及松紧程度，形成利益共同体。在协同创新文化的三种作用中，驱动力给予农业科技协同创新以发展的活力，凝聚力给予农业科技协同创新以组织的效能，提升力给予农业科技协同创新以发展的意义。

2. 协同创新战略驱动

农业科技协同创新的定位、规划来自协同创新战略的有效实施。协同创新战略是应对区域农业发展的挑战与机遇。根据农业发展的优势竞争力与综合条件及农业科技协同创新要求和发展目标，所形成的高层次全局性宏观战略谋划，正是通过科学定位和规划，高起点谋划农业科技协同创新战略，才有力保证了农业科技协同创新的实现。区域政府、农业企业家、首席农业科学家等是农业科技协同创新战略制定的重要主体，是农业科技协同创新重要的推动力量。离开必要的条件要素，农业科技协同创新则无从谈起。如何驾驭和把握条件要素，对农业科技协同创新的成功实现具有举足轻重的作用。

三、农业科技协同创新的条件系统

农业科技协同创新条件是农业科技协同创新得以实现不可或缺的因素，是在一定条件下产生、在一定条件下发展，是农业科技协同创新顺利开展的必要基点，是与农业科技协同创新相联系的、对它的存在和发展发生作用的诸要素综合。离开必要的条件要素，农业科技协同创新则无从谈起。如何驾驭和把握条件要素，对农业科技协同创新的成功实现具有不可替代、举足轻重的作用。农业科技协同创新条件系统主要包括农业科技协同创新平台、知识资源、资金、制度、技术与产业五个方面（图3-3）。

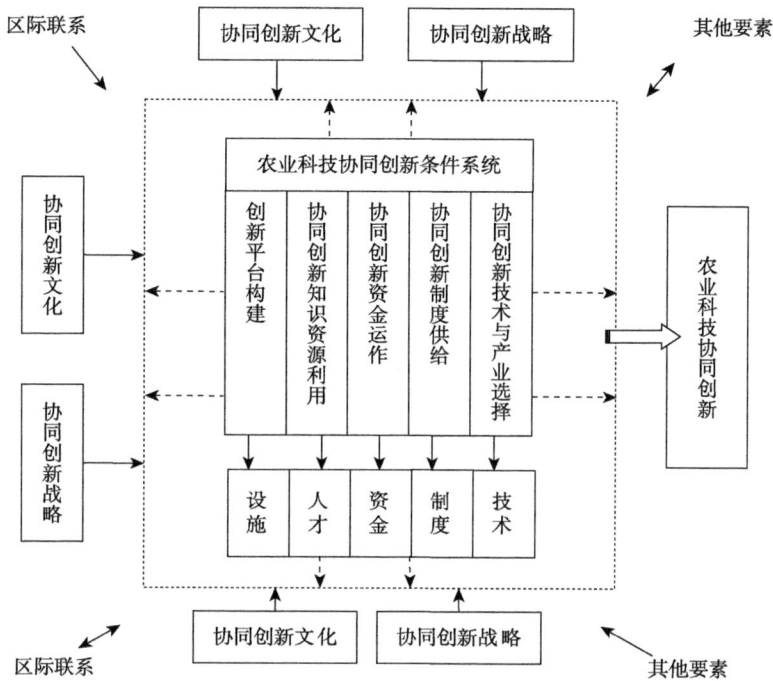

图 3-3 农业科技协同创新条件系统模型

（一）农业科技协同创新平台

农业科技协同创新能力的重要体现在于构建高水平的农业科技协同创新平台。农业科技协同创新平台的支撑能力、共享程度、资源整合的力度、与农业经济发展相适宜的程度，直接决定农业科技协同创新效率。因此，农业科技协同创新平台对农业科技协同创新具有整合、保障、供给、集聚、支撑、催化、协调、提升农业产业竞争力的功能。根据农业科技协同创新需要，科学进行平台功能定位、建立高效运行机制、构建平台优秀人才队伍，从而夯实农业科技协同创新科技基础条件平台、产品农业协同创新平台、农业科技协同创新服务平台，保障农业科技协同创新体系高效运行，实现农业科技协同创新。

（二）知识资源

知识资源是农业科技协同创新的首要资源，其重要载体有人才、技术及专利，如何高效、优化利用农业科技协同创新系统内部、外部知识资源是农业科技协同创新的关键。提高农业科技协同创新知识资源利用效率，与农业科技协同创新所形成的知识资源利用社会网络及利用途径息息相关，构建农业科技协同创新体系，整合产业链，打造农业科技协同创新战略联盟，加强顶尖人才有效流入、知识产权贸易等途径，来满足农业科技协同创新对专利、顶尖人才、具有自主知识产权技术等知识资源载体的需求。

（三）资金

农业科技投入水平是衡量一个国家或地区农业科技实力的关键性因素，投入强度超过3%已成为世界发达国家农业科技水平的重要标志。农业科技协同创新的重要保证来自构建强大而坚实的科技投入支撑体系，其对农业科技协同创新具有支撑、导向和促进作用，其中的资金运作是保证农业科技协同创新投入的关键。实现农业科技协同创新投入资金高效运作，需要借鉴发达国家农业科技投入资金运作经验与模式，立足农业技术创新生命周期资金需求规律，充分发挥政府引导作用，建立由区域政府、涉农企业、金融机构等组成的多元化农业科技协同创新资金投入体系。

（四）制度

农业科技协同创新有效实施具有复杂性、不确定性和艰巨性，因此，需要建立适宜和高效的制度安排，提高农业科技协同创新资源配置效率、强化农业科技协同创新激励、降低农业科技协同创新交易费用和减少风险、优化农业科技协同创新交易行为，从而提高农业科技协同创新产出增长率。因此，建立高效、科学、适宜的制度安排是农业科技协同创新顺利实施的重要保障，一方面要实现农业科技协同创新制度供给充分，对农业科技协同创新各个环节起到保障作用，另一方面要实现农业科技协同创新制度供给有效性，确保所提供的制度能够真正落实，对保障农业科技协同创新平台构建、农业科技协同创新资金运作、农业科技协同创新知识资源利用和文化建设切实发挥作用。因此，需要通过政府职能的变革、农业科技协同创新人才制度的完善、农业科技协同创新知识产权保护的加强、农业科技协同创新科技体制改革等方面，建立农业科技协同创新合作共享机制，不断完善农业科技协同创新制度政策环境，从根本上激励、保障、推动、促进农业科技协同创新的高效发展。

（五）技术与产业

农业科技协同创新的方向在于正确选择农业科技协同创新的关键技术与产业。经济结构、制度类型、资源禀赋、文化要素、生态环境的不同，一方面，决定了农业科技协同创新技术与产业的选择要与区域经济发展相适宜，如国家层面可以选择跨省共性关键技术；省域层面选择跨地州共性关键技术；地州市县选择本地特色农业重大技术；乡镇选择本土农业个性技术。另一方面，技术与产业的选择要体现战略性，以区域农业发展战略为导向，通过建立独特的技术轨道，从而确定农业科技协同创新的领域和方向，保证农业科技协同创新高起点、高质量发展和成功实现。

四、农业科技协同创新的过程系统

农业科技协同创新是通过合理分工协作，以科研机构、高校、农业企业、政府、各类中介服务机构和农户的协同，开展农业创新资源的整合与创新主体的互动，依托技术环境、市场环境、制度和体制环境、社会和文化环境共同作用，集育种、生产与加工、储运与保鲜、包装与营销、科技等产前、产中、产后环节在内的整个产业链与技术链的双向融合，以及涉及技术、制度、管理、市场、文化等方面协同创新，达到农业产业开放式创新与系统创新的有机统一，形成农业科技协同创新能力。通过引进、消化、再创新、集成创新或原始创新的方式，进行产业共性、关键技术和前沿技术的研究、攻关、集成和示范，提升农业科技创新和成果产品化、商品化、产业化的转化水平，获取农业科技创新及农业科技成果转化的帕累托最优效果，促进农业综合生产力的提高，实现农业增效、农民增收，保障农产品有效供给和国家粮食安全，推进现代化农业持续发展的过程。图 3-4 为农业科技协同创新过程系统模型。

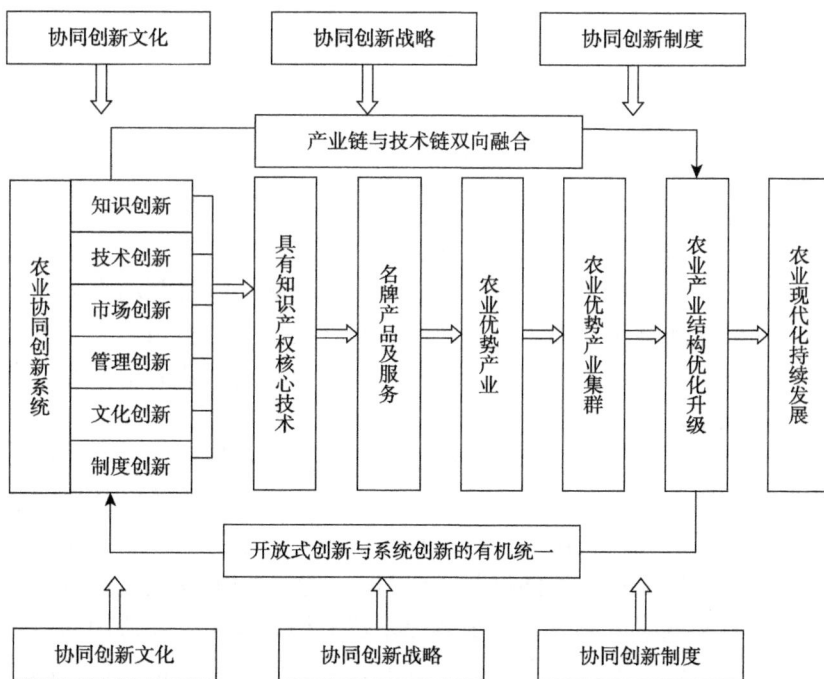

图 3-4　农业科技协同创新过程系统模型

五、农业科技协同创新的调控系统

对农业科技协同创新行为及过程进行调控可以有效地保证农业科技协同创新方向的正确性和良性运行。协同创新文化、协同创新战略及协同创新制度安排是农业科技协同创新调控系统。一方面，协同创新的过程也是文化价值观整合的过程，由协同需求驱动文化接触、文化差异，引起文化调试，促进文化整合、文化认同，激发文化创新等过程组成。农业科技协同创新文化不仅是农业科技协同创新的动力，同时对协同创新行动的相关主体的心理定势、思维方式和价值取向具有支配和影响作用，从而使各创新主体能够依从协同创新文化规范价值谋求社会认同，做出协同创新行动的正确选择和决策，实现农业科技协同创新，最终实现对农业科技协同创新行为的良性调控。另一方面，农业科技协同创新是系统工程，需要根据技术环境、市场环境、制度和体制环境、社会和文化环境的不断变化，与时俱进制定协同创新战略，对农业科技协同创新的方向、模式、重点发展目标和实现途径等方面进行调控。此外，制度不仅可以作为农业科技协同创新条件要素的重要组成部分，同时还可以通过制度供给和制度创新，满足农业科技协同创新制度需求，是调控农业科技协同创新行为及全过程的重要力量。

本 章 小 结

农业科技协同创新是农业经济发展中的一种创新活动、一种创新理论，包括：农业科技协同创新动力系统、条件系统、过程系统、调控系统及要素之间的相互联系、相互作用。其中，农业科技协同创新动力系统包括农业产业竞争驱动、区域粮食安全驱动、科技发展驱动、市场利益驱动等外部动力和协同创新文化驱动、协同创新战略驱动等内部动力。农业科技协同创新条件系统主要包括农业科技协同创新平台、知识资源、资金、制度、技术与产业五个方面。农业科技协同创新的过程系统是通过合理分工协作，开展农业创新资源的整合与创新主体的互动，以实现农业现代化持续推进的过程。农业科技协同创新的调控系统是为保证农业科技协同创新方向的正确性和良性运行，需要对农业科技协同创新行为及过程进行调控。农业科技协同创新调控系统主要包括协同创新文化、协同创新战略及协同创新制度安排。协同创新文化与协同创新战略既是农业科技协同创新实现机制的动力系统组成部分，又是调控系统的构成要素，而协同创新制度既是农业科技协同创新机制的条件系统构成部分，又是农业科技协同创新调控系统的构成要素。

研究认为，农业科技协同创新的特征主要包括：农业科技协同创新具有差异性；农业科技协同创新具有明确的组织目标和共同愿景；农业科技协同创新具有合理的内在机制；农业科技协同创新需要内在、外在动力的共同作用；农业科技协同创新需要多种要素条件的支撑与协同；农业科技协同创新需要协同创新文化、战略、制度的调控；农业科技协同创新是农业产业开放式创新和系统创新的有机统一；农业科技协同创新是产业链与技术链双向融合的过程。

参 考 文 献

[1] 洪银兴. 关于创新驱动和协同创新的若干重要概念[J]. 经济理论与经济管理，2013，（5）：5-12.

[2] 洪银兴. 产学研协同创新的经济学分析[J]. 经济科学，2014，（1）：56-64.

[3] 陈劲，阳银娟. 协同创新的理论基础与内涵[J]. 科学学研究，2012，30（2）：161-164.

[4] 赵立雨. 基于协同创新的技术创新网络扩张研究[J]. 科技进步与对策，2012，29（22）：11-14.

[5] 刘丹，闫长乐. 协同创新网络结构与机理研究[J]. 管理世界，2013，（12）：1-4.

[6] 李文博. 高校协同创新的内涵、运作机理及保障机制[J]. 教育与职业，2015，（35）：14-17.

[7] 解学梅，刘丝雨. 协同创新模式对协同效应与创新绩效的影响机理[J]. 管理科学，2015，28（2）：27-39.

[8] 王新新. "协同创新"的涵义、特征及发展路径研究[J]. 商业经济研究，2017，（7）：142-144.

[9] 石贵舟. 产学研协同创新驱动下的高校内涵发展研究[J]. 学术论坛，2016，39（3）：150-154.

[10] 哈肯 H. 高等协同学[M]. 郭治安译. 北京：科学出版社，1989.

[11] 李祖超，梁春晓. 协同创新运行机制探析——基于高校创新主体的视角[J]. 中国高教研究，2012，（7）：81-84.

[12] 王广，郭翔宇. 农业科技创新动力机制影响因素与创新[J]. 学术交流，2016，（5）：136-141.

[13] 王燕. 区域经济发展的自主创新理论研究[D]. 东北师范大学博士学位论文，2007.

[14] 王燕，张宗益. 论区域自主创新文化的特性、作用机制及建设路径[J]. 东北师大学报（哲学社会科学版），2010，（2）：15-19.

[15] 王雅鹏，吕明，范俊楠，等. 我国现代农业科技创新体系构建：特征、现实困境与优化路

径[J]. 农业现代化研究, 2015, 36 (2): 161-167.

[16] 洪银兴. 现代化的创新驱动: 理论逻辑与实践路径[J]. 江海学刊, 2013, (6): 20-27.

[17] 洪银兴. 产业化创新及其驱动产业结构转向中高端的机制研究[J]. 经济理论与经济管理, 2015, (11): 5-14.

[18] 洪银兴. 科技创新体系的完善与协同发展探讨[J]. 经济学动态, 2016, (2): 4-9.

[19] 郝世绵, 韦文联, 程亮. 现代农业协同创新的关系契约模型及治理机制[J]. 湖南社会科学, 2014, (5): 160-163.

[20] 曹博, 赵芝俊. 基于产业结构升级的现代农业科技创新体系研究[J]. 农村经济, 2017, (1): 99-104.

第四章　山地丘陵地区农业科技协同创新的典型实践

《中共中央关于制定国民经济和社会发展第十四个五年规划和二〇三五年远景目标的建议》提出要"加快农业产业现代化发展，深入推进农业科技体制改革，走中国特色社会主义乡村振兴道路"[1]。建设农业强国是一项全方位、多层次的农业工程，其中包含了智慧农业、生态农业、科技农业等方面内容。其中，如何利用农业科技协同创新机制并将其转化为农业发展的新动能、新产业、新业态，是发展现代农业、实现乡村振兴亟须解决的关键问题。受地理位置、自然资源等因素制约，我国山地丘陵地区农业经济发展陷入了科研经费投入不足、技术水平相对落后、创新成果转化率低等困境，面对国际市场竞争加剧、生态环境日益恶化等一系列难题，推动农业科技协同创新是解决"三农"问题、促进农业高质量发展的重要驱动力。近年来，中国踏上了农业科技协同创新的快车道，农业发展各项指标均有所提高，符合我国农情国情的农业科技协同创新体系已初步建成。基于此，本章以福建、江西、湖北、广东、湖南、浙江、安徽、四川、云南农业科技协同创新的具体实践为例，通过研究典型地区农业科技协同创新的路径与方法，以期为山地丘陵地区农业科技协同创新提供经验借鉴。

第一节　山地丘陵地区农业科技协同创新的福建实践

一、福建农业经济发展情况

福建地处中国东南部、东海之滨，是中国重要的出海口，也是中国与世界交往的重要窗口和基地。福建境内峰岭耸峙，丘陵连绵，河谷、盆地穿插其间，地势总体上西北高东南低，横断面略呈马鞍形，以山地、丘陵为主，其面积占全省总面积的 80% 以上，农业用地特别是耕地比重小，仅占总土地面积的 10.64%[①]，而且沿海地区耕地甚缺，后备资源有限，素有"八山一水一分田"之称，农业生产垂直分异甚为明显，"立体农业"特点鲜明，武夷山大红袍、安溪铁观音、福州茉莉花茶、连城地瓜干等皆为福建的农产品区域品牌。福建与台湾仅一水之隔，一衣带水，血缘、亲缘、地缘、商缘、法缘的"五缘"关系源远流长。20 世纪 80 年代以来，闽台两地凭借着"五缘优势"，开展了密切的贸易往来，尤其农业科技协同创新相关领域合作深入，分别围绕茶叶、花卉、水果、苗木、渔业、蔬菜和农产品加工及休闲农业等领域，先后创建了漳浦、漳平、仙游、清流、福清、惠安 6 个国家级台湾农民创业园。在科技服务中心、企业孵化中心、闽台商业会展中心等相关配套设施的支持下，园区企业间在研发、管理、销售、服务等领域开展协同与合作，6 个国家级台湾农民创业园已成为闽台生态农业科技协同发展的重要载体[2]，而且各具特色，如漳浦台创园以花、果、菜产业为特色，农业科技协同创新重点发展农业生产、保鲜、商品化处理和加工等；漳平台创园利用闽台农业合作机遇，得到国务院台湾事务办公室、农业农村部和福建省委省政府及龙岩市委市政府的长期支持，当地政府负责基础设施建设，台商引入茶叶、花卉、蔬菜种植标准化技术，形成茶叶、花卉、蔬菜三大特色；仙游台创园以日本甜柿为特色，农业科技协同创新致力于发展优质甜柿的种植、培育等农业科技；清流台创园以林业苗木、养殖为特色，农业科技协同创新致力于发展水产养殖、花卉栽培、农林产品深加工等；福清台创园以名优果树产业为特色，农业科技协同创新致力于重点开展台湾优良蔬果品种推广和台湾农业技术的交流、培训；惠安台创园重点发展现代渔业产业，农业科技协同创新致力于海产品良种繁育及养殖等，总体成效十分显著[3~6]。

二、具体实践

福建以"闽台合作"为导向，以推动特色农业产业集群转型为主要方向的农业科技协同创新实践。

闽台地缘相近，农业融合发展具有历史渊源，日趋完善的惠台政策体系为两地农业合作提供了条件，具体做法与经验如下：一是加大闽台农业科技协同创新的政策支持力度。为全面落实国务院台湾事务办公室、国家发展和改革委员会印发的 31 条惠台措施，促进闽台农业科技协同创新，福建各级政府先后发布了 66 条惠台措施及《福建省促进闽台农业合作条例》《关于印发福建省产业技术创新战略联盟构建实施方案的通知》《福建省人民政府关于加快台湾农民创业园建设

---

① 资料来源：福建省农业农村厅，http://nynct.fujian.gov.cn/。

的若干意见》等文件,并成立福建产学研协调领导小组[7, 8]。二是构建促进闽台农业科技协同创新的外部环境。通过组建台商联谊会,结为闽台友好乡镇,定期组织中华农耕、客家联谊、探亲祭祖互通活动,互派师资培训专项农业产业技术,实行重点台资企业挂钩帮扶制度,组织"党员服务台商零距离"活动和"台胞连心警务室"司法帮扶等,多渠道构建农业科技协同创新的文化沟通机制、技术交流学习机制、友好协作机制。三是基于顶层设计构建农业产业技术联盟。例如,组建海西食用菌加工产业技术创新重点战略联盟、福建省竹纤维产业技术创新战略联盟、福建省茶产业技术创新战略联盟、福建省饲料产业技术创新战略联盟、福建省花卉产业技术创新战略联盟、福建省生猪健康养殖技术创新重点战略联盟等。四是实施科技型农业科技协同创新龙头企业培育计划。通过培育福建省农业产业化国家重点龙头企业,激发农业企业农业科技协同创新积极性,培育农业科技协同创新主体。五是建立标准化农业科技协同创新产业化模式,实现农业品牌化发展。统一实行标准化生产、分级包装、统一行销,采取"公司+农户""公司+基地+农户"的农业产业化模式,推动农业产业品牌化发展。

第二节 山地丘陵地区农业科技协同创新的江西实践

一、江西农业经济发展情况

江西省位于长江以南,纬度较低,属亚热带季风湿润气候,四季分明且天气复杂多变。地貌类型以山地、丘陵为主,三面环山,山地占全省面积的 36%,丘陵占 42%,耕地资源不丰富①。抚州市东乡区的野生稻为近代水稻始祖,是我国分布最北的野生稻。南昌金荞麦、鄱阳湖莼菜、彭泽中华水韭、宜黄水蕨、赣南野生茶、九江野生莲均为国内珍稀物种。江西初步形成了粮食、蔬菜、柑橘、茶叶、油料、生猪、猕猴桃、水禽、大宗淡水鱼、特种水产十大主导产业和特色产业[9]。江西作为传统农业大省,是我国重要产粮区和水果等经济林木种植区,是全国唯一的"全国绿色有机农产品示范基地试点省",粮食生产在全国具有举足轻重的地位,每年向国家调出 50 亿千克商品粮,生产的粮食占全国的 3.6%,是全国从未间断向国家贡献粮食的两个省份之一(另一个是吉林省)[10]。

---

① 资料来源:江西省人民政府,http://www.jiangxi.gov.cn/col/col472/index.html。

二、具体实践

江西以"科技专项"为基石，以打造一流现代农业示范区为主要方向的农业科技协同创新实践。

江西为推动规模农业高质量发展，对农业科技协同创新机制进行了试点改革，具体做法与经验如下：一是大力开展农业科技协同创新的现代农业示范区建设。2015年江西省已申报南昌等11个国家级现代农业示范区，同时认定了奉新县等68个县（市、区）为省级现代农业示范区[11,12]，创建一批发展观念超前、农业设施完善、科技发展水平先进、经营管理方式创新、新型农民培养效果显著的现代农业发展的典范，打造了农业科技协同创新的载体，2021年江西省农林牧渔业总产值为3 998.09亿元，较上年增长了4.6%，相比于2017年，农林牧渔业总产值提高了30.3%。同时，全省园区解决了106万人的就业问题，农村居民人均可支配收入达到1.7万元[13]。二是完善农业科技协同创新农业技术推广体系建设。通过开展"课堂式培训、跟班式培训、上门式培训"，构建了"专家—技术员—示范户"一体化的农业科技协同创新农业技术推广模式[14]。三是打造以龙头企业为主体的农业科技协同产业化经营体系。大力推行"龙头企业+合作社+基地+农户"的经营模式，培育省级及以上龙头企业360家、农民合作社6 200家、家庭农场5 800家。四是优化农业科技协同创新发展环境。一方面，实行"顶层设计、部门沟通、上下结合"，建立农业科技协同创新工作机制。另一方面，先后出台了《江西省农业科技成果转化资金示范项目认定管理暂行办法》《江西省星火科技富民示范企业（基地）认定管理暂行办法》等一系列政策措施和规划，规范完善了农业科技工作制度与办事程序，提升了农业科技协同创新服务效能。此外，遵循"政府搭台、成果保障、市场运作、专家支持"原则，完成了"12396农村客户服务平台""专家管理系统""远程视频专家咨询与教学系统"等研发和应用，建立了包括省级管理中心站、区域中心站、龙头企业站、标准站四级网络的农业科技信息服务体系[15]。五是以"重大科技专项"为载体构建农业科技协同创新联盟。采取"高校与科研机构+企业+基地"的产学研联合机制，实施由江西农业大学等水稻种业技术创新联盟承担的"水稻种质资源开发及超级稻创制"重大科技专项，开展江西特有水稻种质资源中有利基因的发掘、定位及育种利用研究。六是加大关键共性技术研究，以农业科技协同创新延伸上下游产业链。围绕绿色食品产业链关键环节所需的核心技术，开展关键共性技术研究。例如，重大科技创新项目"江西双季超级稻新品种选育研究"，选育的超级稻等水稻新品种新增稻谷43.44亿公斤，新增社会经济效益97.76亿元①。

---

① 江西农大十九年磨一剑培育超级稻. https://www.jxcn.cn/system/2017/09/13/016396396.shtml，2017-09-13.

第三节　山地丘陵地区农业科技协同创新的湖北实践

一、湖北农业经济发展情况

湖北位于我国中部，素有"鱼米之乡"之称，农业资源优势明显，是我国重要的商品粮、棉、油生产基地和全国最大的淡水产品生产基地，拥有粮食、棉花、油料、蔬菜、家畜、家禽、水产、果树、林业、茶叶、食用菌、魔芋等特色农业产业，其中棉花、油菜居全国前列[16]。湖北作为"千湖之省"，地处亚热带，位于典型的季风区内，全省除高山地区外，大部分为亚热带季风性湿润气候，光能充足，热量丰富，无霜期长，降水充沛，雨热同季。东邻安徽，南界江西、湖南，西连重庆，西北与陕西接壤，北与河南毗邻。全省地势大致为东、西、北三面环山，中间低平，略呈向南敞开的不完整盆地，地貌类型丰富多样，山地、丘陵、平原兼具，其中山地占 56%，丘陵占 24%，平原湖区占 20%①。

二、具体实践

湖北以"创新平台"为载体，以联合政府开发新型农业生产经营模式为主要方向的农业科技协同创新实践。

在乡村振兴战略背景下，湖北不断调整农业产业结构，将农业科技广泛应用到农业产业现代化建设中，具体做法与经验如下：一是保证农业科技协同创新制度供给。出台了《湖北省推进农业科技创新体系建设行动计划》等政策文件，满足农业科技协同创新制度需求[17]。二是夯实农业科技协同创新的科研优势。湖北作为我国中部地区重要的农业科技创新基地，拥有近 70 家农业科研及教学机构，30 多个国家省级重点实验室、工程技术研究中心等涉农科技创新平台，5 000 多名农业科技创新人才，其中涉农的中国工程院和中国科学院院士达 11 人[18]，农业科研基地的数量和研究领域的覆盖面在全国位居前列，优质油菜、三元杂交猪、两系杂交稻、生物农药、胚胎移植、生猪、淡水渔业等方面的研究已达到国内先进水平，部分领域国际领先，具有农业科技协同创新坚实的科研基础[19]。三是强化龙头企业农业科技协同创新的主体地位。针对粮、棉、油、猪、林木、

---

① 资料来源：湖北省人民政府，http://www.hubei.gov.cn/jmct/hbgk/202203/t20220325_4055879.shtml。

茶叶、食用菌等特色农业产业,打造了福娃集团有限公司、湖北国宝桥米有限公司、益海嘉里集团、湖北神丹健康食品有限公司、湖北银丰棉花股份有限公司、湖北莱克水产食品股份有限公司、稻花香集团等大中型农业龙头企业,且龙头企业高度重视科技创新对产品品质的提升及产业链的拓展与延伸,均建立了研发中心,新技术、新工艺的不断涌现,使龙头企业农业科技协同创新的主体地位不断强化[20]。四是着力构建农业科技协同创新信息化体系。一方面,构建湖北省农业机械化信息网、湖北农村网、湖北智慧农村网等专业化农业信息平台;另一方面,组建一支快捷高效的农业信息联络员队伍,建立了严格规范的信息报送制度,积累了农业生产、农产品供求、农业法律法规、农业技术等资源丰富的农业信息数据库,为实现湖北农业科技协同创新提供了强有力的信息支持[21]。五是规模建设区域性农业科技协同创新平台。湖北省 17 个市州、102 个县市区及各级产业园区建立了技术转移服务分中心或工作站,获批国家技术转移示范机构 20 家,建立省级技术转移示范机构 35 家,创新驿站区域站点 1家、基层站点 4 家,并在黄石、安陆开展"产学研合作示范市(县)"试点。其中,荆门市正在加快建设"中国农谷",特别是以湖北省农业科技创新中心为代表部分农业科技创新园区的加速建设,标志着区域性农业科技协同创新平台基本建成[22]。

第四节　山地丘陵地区农业科技协同创新的广东实践

一、广东农业经济发展情况

广东地处中国大陆最南部,自东至西依次与福建、江西、湖南、广西接壤;毗邻香港、澳门;西南端隔琼州海峡与海南相望,海岸线长 4 114.3 千米,居全国首位,其地貌类型复杂多样,有山地、丘陵、台地和平原,其面积分别占全省土地总面积的 33.7%、24.9%、14.2%、21.7%,河流和湖泊等只占全省土地总面积的 5.5%①。广东省属于东亚季风区,从北向南分别为中亚热带、南亚热带和热带气候,是全国光、热和水资源较丰富的地区,且雨热同季。香蕉、荔枝、龙眼和菠萝是岭南四大名果,经济价值可观。"十三五"以来,广东省作为现代农业大省,以占全国约 2%的耕地产出了约占全国 6%的农业产值和 10%的农业增加值。2016 年末,广东省育成农作物优良新品种 203 个,双季超级杂交稻以每 667

---

① 资料来源:广东省人民政府,http://www.gd.gov.cn/zjgd/sqgk/zrdl/content/post_4098525.html。

平方米产量 1 537.78 千克的年单产量刷新了世界纪录，且通过国家审定的畜禽新品种配套系 31 个，数量全国第一[23]。2018~2020 年，广东农业生产总值占地区生产总值由 3.9%上升至 4.3%，截至 2020 年，全省共创建了 14 个国家级、161 个省级、55 个市级现代农业产业园①。

二、具体实践

广东以"技术集成"为动力，以建设国家现代农业产业科技创新中心为主要方向的农业科技协同创新实践。

在农业现代化发展过程中，广东已初步建立了农业科技协同创新长效机制，具体做法与经验如下：一是科学战略规划推动农业科技协同创新发展。成立广东农村科技发展战略研究所，涉及农学、农产品加工、植物保护、水生生物学、生态学、动物病毒学、农业经济、农业科技管理等领域，聘请一批高层次的农村科技发展战略专家，构建具有广东特色和优势的全省农村科技协同创新发展战略研究网络，并启动广东农业科技竞争力和市级农业科技创新能力研究等相关研究，形成了《广东省农业科技管理政策法规选编》（1985~2005 年）、《广东省农业科技发展战略和规划选编》（1985~2005 年）、《广东省农村科技发展回顾与展望》（1985~2005 年）等系列研究成果，为广东省农业科技协同创新明确了方向[24]。二是组建高水平农业科技协同创新联盟。在全国率先组建了基本覆盖全省涉农科研教学、企业、协会的省级农业科技协同创新联盟，建立了 20 个省级现代农业产业技术创新团队，整合优势资源开展重大科研攻关和技术模式创新，中国农业科技华南创新中心成为国内一流的农业科技创新中心，畜禽育种国家重点实验室是我国畜禽育种领域唯一的国家重点实验室，在全国省级农业科研机构综合实力前 50 名中，广东占了 10 名。三是构建农业科技协同创新优良的发展环境。一方面，加大农业科技投入，每年在现代农业发展领域的产学研科技投入超过 2 亿元；另一方面，加快农业科技协同创新信息化建设，着力加快"互联网+"现代农业、国家信息进村入户试点省工作，基本建成"一网、一图、一库、一平台"省农业综合信息化管理系统，建立 1 640 个省级"惠农信息站"，建制村基本实现 4G 网络覆盖②。此外，加大"三农"人才培养力度，实施"扬帆计划"和"全民技能提升储备计划"等，2019~2021 年全省共开展各类补贴性职业技能培训 260 万人次以上，其中 2019 年培训 70 万人次以上③。四是实施专项计划推动农

---

① 资料来源：《2018 年广东国民经济和社会发展统计公报》。
② 资料来源：论广东农业的发展与前景之路，https://www.subo.com/a/352146319_120190594。
③ 资料来源：《广东省职业技能提升行动实施方案（2019-2021 年）》（粤府办〔2019〕14 号）。

业科技协同创新。一方面，实施城镇技术集成应用试点计划，以技术集成应用为切入点，推动农业科技协同创新技术融合进程；另一方面，实施农业科技示范基地建设计划，加快先进、实用的农业科技成果转化，培育具有广东地域、资源及技术特点的农业科技协同创新企业，加速农业向产业化、国际化迈进。此外，启动"田园专家服务计划"，从工作目标、管理方法、组织形式等方面创新工作机制，加速农业科技协同创新成果推广与应用。五是大力培育新型农业科技协同创新经营主体。截至 2020 年，全省建成国家、省市现代农业产业园 174 个，其中分布于经济带珠江段 4 市内 44 个，农产品出口总值 93.13 亿美元。六是着力打造农业科技协同创新全产业链[25]。实施农业产业链推进专项计划，综合考虑整个产业链的自主创新环节，选择广东省特色和优势农业产品，开展前沿技术、共性技术及关键技术的研发、技术引进与消化吸收、技术集成与示范应用活动，整合大学、研究机构、农业协会、农业龙头企业的力量，发挥科技创新的协同效应，从而延长农业产业链、提升价值链，带动农业产业的整体发展。

第五节　山地丘陵地区农业科技协同创新的湖南实践

一、湖南农业经济发展情况

湖南位于我国中部、长江中游，是包括广东、江西、广西、四川、湖北、重庆、贵州等省、市、区在内的水稻集中种植区的中心[26]，省内大部分区域处于洞庭湖以南，因而得名"湖南"，因省内最大河流湘江流贯全境而简称"湘"，又因湖南自古盛植木芙蓉，又有"芙蓉国"之称。湖南总面积为 21.18 万平方千米，占全国国土面积的 2.2%，居全国各省区市第 10 位、中部第 1 位。地貌类型多样，以山地、丘陵为主，大体上是"七山二水一分田"，其中山地面积占全省总面积的 51.2%，丘陵及岗地占 29.3%，平原占 13.1%，水面占 6.4%，山清水秀，河网密布，水系发达，全省天然水资源总量为南方九省之冠。湖南属亚热带季风湿润气候，具有"气候湿润、四季分明、热量充足、雨量集中，春温多变、夏秋多旱，严寒期短、暑热期长"的特点。从地表形态来看，处于全国自西向东三级大阶梯中的第二阶梯向第三级阶梯过渡地带，兼具了不同区域的特征，使得其具备了明显优势的水稻生产条件和种质资源。此外，湖南是全国重要的粮食生产基地，自古就有"鱼米之乡"和"湖广熟、天下足"之说，其主要农副产品（如粮食、棉花、油料、苎麻、烤烟及猪肉等）产量均位居全国前列，其中稻谷产量多年为全国之冠，苎麻、茶叶产量分别居全国第 1 位和第 2 位，湘莲具有 3 000 多年历史，产量居全国首位，安化黑茶是我国世界博览会十大名茶之一，君山银针是我国黄茶珍品。仅改革开放 20 年，湖南省就已获得 3 216 项农业科技成果，其中国家级和省部级的成果近千项，年创效益超过 30 亿元[27]。在杂交水稻种植、经济作物栽培技术、大水面综合开发、生猪品种改良等领域处于国内领先地位，并与农业产业发展之间形成良性循环，有力促进了农作物种业、茶油产业、生猪饲养等特色产业的发展。在袁隆平农业高科技股份有限公司等农作物种业龙头企业的引领下，超级杂交水稻、油菜、棉花等农业科技技术领先，主要农作物良种推广率达 95%以上[27]。湖南作为中部地区典型的农业大省，主要农产品的生产，尤其是粮食生产在全国具有举足轻重的地位。

二、具体实践

湖南以"信息建设"为基础，以开展重大科研攻关与模式创新为主要方向的农业科技协同创新实践。

湖南是我国重要的传统农区，在农业科技作用下，农业生产、生活及生态功能的转型升级不断加快，具体做法与经验如下：一是积极争取农业科技协同创新攻关项目获得国家各类科技计划支持。例如，2015 年先后获得国家科技支撑计划、"863"计划及"973"计划、国家农业科技成果转化资金项目、国家科技富民强县专项行动计划、国家星火计划、"三区"人才计划等经费支持，分别为5 454 万元、2 590 万元、1 700 万元、1 620 万元、480 万元、1 534 万元，获得各类国家项目支持达 1.337 8 亿元[28]。二是加强农业科技协同创新信息化建设工作。一方面，以国家农村农业信息化示范省建设为契机，构建以综合信息服务平台为"一体"，以"万家企业"及"百万农户"为"两翼"的"一体两翼"农业科技协同创新信息平台；另一方面，完善覆盖全省的农村基层信息服务站，其中14 个为市服务中心、88 个县级、809 个乡级服务站点及 322 个企业服务站①。此外，构建、完善了市场化运营与公益服务相结合的农业信息化服务机制。三是加快完善农业科技协同创新推广体系建设。组建了"专家组+技术指导员+示范户+各类实验示范基地"的农业科技协同创新推广体系，并利用"全国基层农业科技推广体系改革与建设补助项目"，成立了 248 个专家组、遴选了 11 886 名技术指导员、培育了 94 513 个示范户、建立了 442 个各类实验示范基地[28]。四是努力推动农业科技协同创新高新技术企业朝产业化、规模化发展。出台《湖南省人民政府关于实施两个"百千万"工程加快现代农业建设的意见》，重点扶持 100 家农业龙头

---

① 迈步新征程——湘西土家族苗族自治州商务局服务外向型经济发展纪实. https://hunan.voc.com.cn/article/202101/20210129084005 9082.html，2021-01-29.

企业成为在全国同行业有较高知名度的大型企业（集团），推动农业科技协同创新农产品加工业集群发展[29]。五是着力打造农业科技协同创新农民专业合作社。先后出台《湖南省农民专业合作社示范章程》《湖南省人民政府关于加快发展农民专业合作组织的意见》《湖南省实施〈中华人民共和国农民专业合作社法〉办法》《湖南省人民政府关于加快发展农民合作社的意见》等政策文件，并印发了示范性农民合作社试点工作方案和试点资金管理办法，将培育示范性农民合作社，纳入为民办实事考核内容，形成了一整套农民合作社试点示范工作机制，经过着力培育与建设，农民专业合作社在数量和质量上都得到提高，2020 年，全省农机合作社达 5 400 多家，其中创建了 3 023 家现代农机合作社，农机合作社经营和服务面积接近 3 000 万亩，农业机械化水平 77%，全省覆盖面达到 45%，服务范围由单纯的技术、信息服务，拓展到生产、加工、销售、融资等各个领域[30]，由单一要素合作向劳动、技术、资金、土地等多要素合作方向转变，其中融"产+销"于一体、带动农户上千户、经营规模上亿元的合作社达 64 家，成为农业科技协同创新重要的载体和平台[31]。

第六节　山地丘陵地区农业科技协同创新的浙江实践

一、浙江农业经济发展情况

浙江地处我国东南沿海长江三角洲南翼，东临东海，南接福建，西与江西、安徽相连，北与上海、江苏接壤，是我国岛屿最多的省份。省内最大的河流钱塘江，因江流曲折，称之江。省内地势由西南向东北倾斜，地形复杂，陆域面积 10.55 万平方千米，占全国陆域面积的 1.1%，是我国面积较小的省份之一，其中，山地占 74.63%，水面占 5.05%，平坦地占 20.32%，故有"七山一水两分田"之说。浙江省人多地少，粮食供需缺口较大。户均耕地只有 2.1 亩，且分散不集中，与达到农业经营规模的要求有距离[32]。浙江属季风性湿润气候，气温适中，四季分明，光照充足，雨量充沛，因受海洋影响，温、湿条件比同纬度的内陆季风区优越，是我国自然条件较优越的地区之一。浙江是我国高产综合性农业区，以"藏富于民"闻名于世，杭嘉湖平原、宁绍平原是著名的粮仓和丝、茶产地，舟山渔场是我国最大的渔场，茶叶、蚕丝、水产品、柑橘、竹制品等在全国占有重要地位[33]。

二、具体实践

浙江以"智慧农业"为目标，以建设"三位一体"农业基本公共服务体系为主要方向的农业科技协同创新实践。

智慧农业是农业发展的高级阶段，浙江以"智慧农业"为目标，正由点及面、由浅入深地融合发展，具体做法与经验如下：一是政府高度重视农业发展，为农业科技协同创新营造良好的外部环境。先后出台《浙江省人民政府办公厅关于加强农产品质量建设加快打造绿色农业强省的意见》《浙江省人民政府办公厅关于加快转变农业发展方式的若干意见》《浙江省农业厅关于开展现代农业科技示范基地建设的实施意见》《浙江省人民政府办公厅关于大力推进农业科技创新创业的若干意见》等一系列促进农业发展的政策文件，为农业科技协同创新营造了良好的外部环境。二是构建农业科技协同创新技术联盟，升级特色农业主导产业。例如，金华国家农业科技园区、中国农业科学院、中国水稻研究所、浙江大学、浙江省农业科学院等科研院所和高校合作，构建农业科技协同创新技术联盟，对园区粮油、蔬果、生猪、花卉苗木、食药用菌和茶叶等特色农业主导产业进行升级[34]。三是形成传统银行类、新型金融机构、非正规金融机构"三元结构"体系，加大农业科技协同创新金融支持力度[35]。一方面，从资金规模、贷款方式、贷款利率等方面，对获得中国品牌农产品、浙江省著名商标等称号及推行等认证的农业龙头企业，予以重点倾斜；另一方面，开展农民专业合作社信用体系建设，出台农民专业合作社信用评价制度，对农民专业合作社标准化生产基地建设、产品流通体系建设予以支持。此外，推出"农场丰收贷"等项目及构建贷款绿色通道，扶助和支持家庭农场等新型农业生产经营主体。推出"丰收粮农直通车贷款""农机具动产权质押贷款""农业担保基金贷款"等产品加大对现代农业园区和粮食生产功能区建设支持力度，为顺利开展各类农业科技协同创新提供资金保障[36]。四是加快农业科技协同创新技术推广体系建设，推动农业科技协同创新成果转化。一方面，构建了以国家政府农业技术推广组织为主体，农业社会团体、服务组织、科技示范户、农业专业合作组织和农业龙头企业等共同参与的省、市（地）、县（市、区）、乡（镇）四级组织架构的农业科技协同创新技术推广体系；另一方面，高度重视农业技术推广责任制度建设，并在广大农村地区建立农业技术推广、动植物疫病防控、农产品质量监管"三位一体"的公共服务体系，推行由首席农业技术推广专家、农业技术指导员、责任农业技术员等联村包户，履行"班主任职责"的新型农业技术推广服务模式，实现了原本各自为政、机构松散的基层农业技术队伍"三位一体"的协同发展[37]。

第七节　山地丘陵地区农业科技协同创新的安徽实践

一、安徽农业经济发展情况

安徽省位于中国中东部，华东腹地，是长江三角洲的重要组成部分。总面积为 14.01 万平方千米，约占中国国土面积的 1.45%，其中，耕地面积为 417.8 万公顷，总人口 6 100 多万人，其中乡村人口占 41.67%①。安徽省山川秀美，地处暖温带与亚热带过渡地带，地貌以平原、丘陵和低山为主，平原与丘陵、低山相间排列，各占 1/3，地形地貌呈现多样性，区位优越，地理地貌融合中国南北差异，气候适宜，雨量充沛，光照充足，具有丰富的农业资源和良好的生态条件，是南北物种汇集地和重要的基因库，作为全国 13 个粮食主产省之一，是全国重要的商品粮生产基地，重点淡水渔业省份，生猪、肉牛和家禽优势生产区域，农作物以小麦、水稻、玉米、大豆、油菜、棉花为主，蔬菜、茶叶、蚕桑、水果等也占较大比重，布局具有明显的区域特征，其中粮食、油料、淡水产品等常年产量均居全国前十位[38]。例如，拥有芜湖大米、砀山酥梨、太平猴魁等地方特产及洽洽、同福碗粥、宣酒、詹氏等全国著名品牌[39]。又如，有 44 种畜禽遗传资源列入地方保护名录，皖南黑猪、安庆六白猪、皖西白鹅等已列入国家保护品种名录，鳜鱼良种产量居华东第一，河蟹健康养殖全国领先[40]。此外，安徽是中国重要的农机大省，全省拥有农机总动力 636 583 万千瓦，居全国第四位，其中小型拖拉机 219 万台，居全国第二位，农用排灌柴油机 40 万台，居全国第六[41]。

二、具体实践

安徽以"生态农业"为追求，以开发绿色增产技术模式为主要方向的农业科技协同创新实践。

安徽拥有良好的区位优势和丰富的自然资源，发展特色农业产业优势明显，具体做法与经验如下：一是积极推进现代生态农业产业化，为农业科技协同创新提供发展的产业基础。安徽始终把农业产业化当作"三农"工作的重要抓手，发布并实施《安徽省农业生态环境保护条例》、《安徽生态省建设总体规划纲

---

① 资料来源：安徽省人民政府，https://www.ah.gov.cn/hfwy/yxah/dlrk/3149921.html。

要》、粮食绿色增产模式攻关示范行动、安徽省农业产业化"121"强龙工程、"532"提升行动、"671"转型倍增计划、《安徽省农业现代化推进规划（2016—2020年）》等，推动农业产业化发展，如2014年，全省就有39个农业产业化示范基地，其中有10个国家级产业化示范基地，形成农业产业化产业集群121个①。二是制定专项补贴政策，调动农业科技协同创新关键技术研发的积极性。聚焦专用粮食绿色生产核心技术和关键环节，重点开展优质专用品种推广补助、新型肥料推广补助、绿色农药推广补助、节水灌溉技术补助和新型机械作业补助五方面补助，调动种粮大户、家庭农场、农民合作社、农业社会化服务组织等农业科技协同创新积极性。三是多举措加大成果推广和转化，打造农业科技协同创新实施平台。一方面，实施"三推"和"三控"，推广高产高效多抗新品种，推广规模化标准化机械化的栽培技术，推进耕地质量建设，实施以控肥、控药、控水为主要内容的绿色增产技术模式；另一方面，依托农业部（现为农业农村部）万亩高产创建示范区、国家和省级现代农业示范区、省级美好乡村中心村三大平台，重点建设30个省级绿色增产示范区、30个示范村和30个示范家庭农场，为农业科技协同创新构建实施平台[42]。四是明确战略发展目标，构建科研分工合理、产学研结合的农业科技协同创新技术创新联盟。安徽省出台《安徽省人民政府关于加快推进现代农作物种业发展的实施意见》，分2011~2015年和2016~2020年两个五年计划，阶段性地提出了安徽实现种业发展自主创新、具有突破性主要农作物新品种的战略目标，依据战略目标，安徽省农业科学院立足水稻研究的优势，依托国家水稻改良中心合肥分中心、中国农业部长江流域稻作技术创新中心和安徽省水稻遗传育种重点实验室与种业龙头企业荃银高科共同组建"分子育种联合实验室"，协同创新联合攻关，培育出氮高效利用水稻新品种。安徽农业大学依托玉米育种安徽省工程技术研究中心，组建了"玉米遗传改良及产业化关键技术研发创新团队"，构建农业科技协同创新机制，产学研结合成功选育多个玉米新品种。五是多层面提供制度供给，构建农业科技协同创新机制。一方面，实施税收信贷等优惠政策、加强农业龙头企业国际交流合作、推动农业龙头企业兼并重组、引导鼓励农业科技资源向农业企业流动；另一方面，支持社会资本通过并购、参股等方式进入农作物农业科技协同创新系统，培育具有核心竞争力和较强国际影响力的育繁推一体化农业龙头企业。此外，鼓励农业科研人员进入农业企业，还原创性地提出经单位同意进入农业企业的科研人员，可以在6年内保留工作关系、工资关系，其间要求返回原单位的，按原职级待遇安排工作，解决了他们的后顾之忧[38]。六是构建科技协同创新信息化体系，为农业科技协

---

① 安徽农产品加工产业集群形成　产值超亿元企业1 700家. http://district.ce.cn/newarea/roll/201401/06/t20140106_2060949.shtml，2014-01-06.

同创新赋能。一方面，培育了合作社组织、科研院所、农业院校、农业龙头等各类农业科技协同创新信息服务主体。例如，中国科学院合肥智能机械研究所研发的"中国搜农"和安徽农业大学研发的"作物病虫害预测、作物病虫害诊断与防治、畜禽疾病诊断防治等专家系统"为农业科技协同创新信息化建设提供了强大的技术支持。另一方面，夯实建设农业科技协同创新信息化基础设施。不但多媒体数据网覆盖范围达到了 80% 的建制村，而且全省 93.3%、95%、90% 以上的乡（镇）建立了便民服务中心、农业信息服务站和农业信息服务网点，并且阜阳和芜湖入选成为首批国家农业信息化综合服务试点城市，此外，成立于 1998 年的"安徽农网"在全省 17 个市、61 个县（市）建立了信息服务中心，形成了一个较为系统、架构完善的农业综合信息网[43]。

第八节　山地丘陵地区农业科技协同创新的四川实践

一、四川农业经济发展情况

四川属于亚热带季风气候，拥有广阔的盆地地形，四川盆地良好的自然条件和温暖湿润的气候环境是农业发展的基础，四川盆地分布的紫色土面积达 14 万平方千米，土壤具中性或中性偏碱，富含磷、钾等矿物养分，质地适中，有较好的透水、通气性，非常适合农业的开展。四川有着 7 000 多万名农民，占四川人口的 82%，由于四川农业发展过慢，农民种植的积极性不高，极大地影响了农业经济的发展[44]。但在改革开放后，四川率先在全国推行以家庭联产承包责任制为主的农村经济体制改革，全面激发了农村农业生产活力。21 世纪以来，四川出台了一系列强农富农惠农政策，农业经济就此开始呈阶梯式增长[45]。四川作为农业大省，粮食播种面积不断扩大，2020 年播种面积为 9 486.9 亩，居全国第七位。2020 年，四川省的粮食单产提升至 327.5 千克/亩，粮食总产量为 700 亿斤，居全国第九。四川省各地因地制宜发展特色经济作物，大力发展了川油、川菜、川果、川茶、川药、川桑等优势产业，打响了"川字号"牌子，2020 年四川经济作物播种面积达到 5 305.9 万亩，占农作物总播种面积的 35.9%①。随着乡村振兴和农业供给侧结构性改革不断深入，四川省缩小了棉花、糖料等不适宜当地种植的作物播种面积，而油料、蔬菜、茶叶、水果、中草药材等效益比较高的品种，种植范围、面积连续扩大。2020 年，全省油料产量 392.9 万吨，蔬菜和食用菌产量

---

① 资料来源：《2021 年四川省国民经济和社会发展统计公报》。

4 813.4 万吨，园林水果产量 1 083.6 万吨，茶叶产量 34.4 万吨，品种日益丰富①。四川农业现代化进程继续加快，科技含量逐渐提高，2020 年末农业机械总动力 4 754 万千瓦，累计建成高标准农田 4 549 万亩[46]，主要农作物耕种收综合机械化水平达到 63%。截至 2021 年底，四川完成 1.6 亿亩农作物机械化耕种收作业，主要农作物综合机械化率比上年提高 2 个百分点，达到 65%，其中水稻、小麦分别达 82.5%、82.2%，农机作业水平的提升为保障粮食安全贡献了力量[47]。

二、具体实践

四川以"产业整合"为出发点，以发展外向型农业为主要方向的农业科技协同创新实践。

四川省致力于发展外向型农业，具体经验和做法如下：一是优化农业产业结构，农业向多元化方向发展。随着改革开放和乡村振兴深入推进，四川农业产业结构已从以粮食为基础逐步向农林牧渔业多元化转变。在农业供给侧结构性改革的推动下，一些不适合四川土地特点的农作物种植面积不断缩小，油料、蔬菜、茶叶、水果、水产品等四川特色养殖品种规模不断扩大，带动了农业、林业、畜牧业和渔业服务业的发展和扩张。二是调整优化品种品质结构。瞄准市场需求，尊重消费者选择，大力推广大米、土豆、蔬菜、水果、茶叶、食用菌、中药材、木本油料和优质特种经济林特种品种，深入实施畜禽水产良种工程，发展品牌农业、特色农业、绿色农业，满足人民对均衡、安全、健康饮食的更高要求。三是坚持农村市场化改革导向，城乡二元结构壁垒基本消除。四川深刻把握了平原、丘陵和偏远山区的区域特点，确定了不同区域统筹城乡综合配套改革的重点，明确了城乡要素和资源整合的内在逻辑和推进思路。随着农村一二三产业融合程度的提高，四川农村新产业、新业态蓬勃发展，城乡、农业和非农产业这两对异质主体的互补性和协同性进一步增强，城乡二元壁垒基本消除。四是生产要素高度聚集，规模效应明显。2018 年命名的 35 个省级星级现代农业园区已基本实现规模化、标准化、机械化、设施化、信息化。平原区面积 1 万多亩，丘陵区 5 000 多亩，山区 3 000 多亩，新品种、新技术、新设备覆盖范围广，机械化耕作水平 95%以上。在农业园区，实施农业产业化龙头企业先锋工程。各行业将重点扶持一批龙头企业，通过债务融资、增资扩股、并购重组、战略重组等方式，支持培育一批自主创新能力强、加工水平高、国际知名度领先的大型企业和集团。引导龙头企业发挥产业组织优势，大力推广"公司+农民合作社+家庭农场"等联农模式，着力增强内生发展能力，增强产业发展活力[48]。五是坚持绿色发展，提高农

---

① 资料来源：《2021 年四川省国民经济和社会发展统计公报》。

业生产生态效益。现代农业产业园严格落实"一控、两减、三基本"的农业面源污染治理基本要求，以"种养紧密结合、农业清洁生产"为原则，采用测土施肥、生物病虫害防治、节水灌溉等高效无公害耕作方式，创造与资源保护相协调、与环境承载力相匹配、与资源条件相适应的生产效率。六是加快自主创新突破。重视农业科技创新能力基础设施建设，努力突破农业资源高效利用、生态环境修复、"互联网+"现代农业等共性关键技术，整合一批绿色、高产、高效的技术模式，因地制宜促进玉米、大豆间作。深化农业、畜牧业、林业和水产养殖研究，加强商业养殖、公益性养殖和高科技养殖研究，深化农业科技成果转化和科技特派员工作，推动成果规模化应用。七是政府扶持政策宣传到位。四川省农业农村厅在信息网站设立专栏，及时公示相关补贴政策。扶持政策涉及多个第一产业，包括农民专业合作社、家庭农场补贴、种植粮油作物补贴、地方特色产业补贴、农业社会化服务补贴、购买农机补贴、园区建设各类专项奖励等[49]。

第九节　山地丘陵地区农业科技协同创新的云南实践

一、云南农业经济发展情况

云南省地处我国的西南边陲，山地面积占总面积的 84%，海拔大多在1 000~2 000 米，冬春干旱少雨[1]。云南省第一产业产值在 2020 年达到 3 599 亿元，年均（可比）增速达 5.9%，占全国的比重为 4.63%；2020 年的粮食产量总值为 1 896 万吨，稳居全国第 14 位。鲜切花、天然橡胶、咖啡、烤烟、核桃、澳洲坚果、中药材种植面积和产量均保持在全国第 1 位；糖料蔗面积、产量保持在全国第 2 位；茶叶面积、产量跃居全国第 1 位。云南省出口特色农产品，引领农业"走出去"[2]。全省农产品出口额从 2012 年的 20.4 亿美元增加至 2021 年的 43.2亿美元，增长 111.8%，具有较强资源优势的水果、蔬菜、烟草、咖啡、茶叶、精油、花卉等大类重点农产品，占全省农产品出口总额的 85%以上[50]。云南省农产品出口贸易额持续增长且连续多年稳居西部第一，在国外投资设立的农业企业数量名列全国第一[51]。云南省高原特色农业"两型三化"集聚效应正在加快形成，新一轮科技革命和产业变革深入发展，以大数据、物联网、人工智能等为代表的数字农业新技术飞速发展，在农业农村领域应用更加广泛，互联网创新成果与农业生

---

① 资料来源：云南省人民政府，https://www.yn.gov.cn/yngk/gk/201904/t20190403_96255.html。
② 资料来源：《2020 年云南省国民经济和社会发展统计公报》。

产、经营、管理、服务加速融合，云南省农业科技协同发展深度日益加强。

二、具体实践

云南以"一县一业"为着力点，以农产品经营方式转型为主要方向的农业科技协同创新实践。

云南省以向国际出口高质量农产品作为农产品主要经营方式，具体经验和做法如下：一是打造"一县一业"示范县，创建特色县项目，继续聚焦重点产业，支持产业基础好、发展潜力大、重视程度高的地区创建"一县一业"示范县、特色县，培育一批全国甚至全球单项冠军[52]。围绕主导产业，因地制宜发展"一村一品"，建设现代农业产业园、绿色食品工业园，加快推进主导产业向优势产区聚集，提升产业发展专业化水平。二是持续优化营商环境，市场主体迸发活力，省级农业产业化龙头企业和农民专业合作社从 2012 年的 2 543 家和 15 767 家增加至 2021 的 5 221 家和 66 394 家，省级以上农业产业化骨干企业和示范合作社分别从 2012 年 503 家和 219 家增加到 2021 年 1 079 家和 1 075 家，农业市场主体实现数量和质量"双提升"，成为推动高原特色农业发展的强大引擎[①]。三是坚持农业品牌建设，"云系""滇牌"影响力不断提升，评选出十大名茶、十大名花、十大名菜、十大水果、十大中药材，评选出绿色食品"十大企业"和"二十大创新企业"，举办了"四季云品·原产地云南"系列宣传推广活动，越来越多的"云品牌"产品走出大山，走向世界。普洱茶、宝山咖啡、文山三七、宣威火腿等十种产品被列入《中欧地理标志协定》保护名单，在国内外家喻户晓、好评如潮。"云系列"和"滇品牌"的声誉极大地改变了云南许多优质农产品的历史。四是坚持绿色高效发展，农业生产方式转型升级，全省化肥和农药的使用连续五年呈负增长，2021 年农作物秸秆综合利用率、农膜回收率和畜禽粪污综合利用率分别超过 88%、80% 和 76%，全省有效认证的绿色食品数量从 2017 年的全国第 11 位上升到 2021 年的第 7 位，有效认证的有机农产品数量从全国第 8 位上升到了第 2 位，认证的市场主体数量从全国的第 8 位跃升到了第 1 位[②]。普洱祖香、自然之星、云岭生鲜、云南农垦等一大批企业在茶叶、蔬菜、水果、粮食等行业深耕绿色有机，成为行业高质量发展的引领者。五是补齐基础设施短板，农业发展后劲越发强劲。高标准农田面积从 2012 年的不足 300 万亩增加到 2021 的近 3 000 万亩。建设 17 个规模大、设备好、效率高的冷链设施产业集群，有效解决生鲜农产

---

① 资料来源：云南省人民政府，https://www.yn.gov.cn/。

② "云花"产值突破千亿元大关. https://nync.yn.gov.cn/html/2022/yunnongkuanxun-new_0826/389899.html，2022-08-26.

品进城"第一公里"问题①。建成了云南 523 个农产品市场、465 个农商品市场以及蔬菜批发市场、龙城农产品批发市场等一批大型综合交易集散中心,形成了专业性和综合性相结合的农产品市场体系,初步形成了连接生产区、配送中心和销售场所的网络。六是整合农业科技资源,建绿色有机农业强省。农业科技将聚焦"一县一业",以种子和电子商务为重点,坚持设施化、有机化、数字化发展方向,选派科技特派员和专门技术人员,培育具有科技示范带动作用的新型经营主体,培育建设100 个科技示范村,重点打造 100 个以上绿色有机地理标志农产品品牌[53]。七是凸显外向型特征,农产品出口成支柱产业。云南发挥独特的资源、区位、技术、农机等优势,以东南亚南亚国家为突破口,通过完善合作机制、实施合作项目,引导境外农业投资和农产品贸易稳步发展,农业"走出去"取得显著成效[54]。

本 章 小 结

从上述国内典型地区农业科技协同创新的经验和做法来看,农业科技协同创新存在着共同特质:一是多主体参与且分工明确。农业科技协同创新以农业科研院所、高等院校、农业企业、政府等多主体共同参与,且分工明确,并由不同主体作为节点广泛吸纳创新成员。二是以共性关键技术研发及农业产业化为导向。协同创新涵盖了农业科技基础研究、成果转化和市场推广等多个环节,形成一条完整的产业链条,并以价值链衔接各参与主体的利益分配,保障可持续运营。三是相关要素资源的配套及流动。通过农业科技创新平台的建立,保证技术、信息、资金、人才等资源的配套及跨区域、跨行业的交互式流动,实现优势互补,提高要素资源使用效率。四是提高农业科技协同创新成果转化率。要支持和引导省级以上农业龙头企业发挥主体作用,注重企业、政府与科研机构之间成果信息的共享互通,在降低合作成本、资源共享共用基础上,不断提高农业科技贡献率与创新成果转化率。

参 考 文 献

[1] 中共中央关于制定国民经济和社会发展第十四个五年规划和二〇三五年远景目标的建议[N].

---

① 云南:巩固拓展脱贫攻坚成果同乡村振兴有效衔接. http://www.yn.xinhuanet.com/original/2022-09/06/c_1310659746.htm,2022-09-06.

人民日报，2020-11-04（001）.

[2] 张景瑞，刘新玲. 闽台生态农业协同创新的动力机制与路径选择[J]. 台湾农业探索，2017，（2）：12-16.

[3] 程璆，郑逸芳，许佳贤. 闽台两地农业科技协同创新机制构建研究[J]. 台湾农业探索，2017，（2）：17-22.

[4] 张景瑞. 闽台生态农业协同发展的思路与对策[J]. 台湾农业探索，2016，（4）：12-15.

[5] 柯炳金. 闽台生态农业合作发展路径探索[J]. 广西质量监督导报，2019，（7）：33.

[6] 熊琳歆. 福建台湾农民创业园农业科技创新研究[D]. 福建农林大学硕士学位论文，2014.

[7] 马清香，罗尚华，姜天慧. 推进闽台农业深度融合发展的机制创新思考——以清流县国家级台湾农民创业园为例[J]. 台湾农业探索，2019，（2）：12-16.

[8] 黄爱萍，林海清，柯文辉，等. 福建特色农业产业技术创新联盟的构建与发展[J]. 台湾农业探索，2017，（2）：69-72.

[9] 贺菲，刘超. 江西省农业科技创新思考[J]. 合作经济与科技，2017，（3）：24-25.

[10] 刘晓青，刘阳. 江西农业供给侧改革的成效、问题与对策[J]. 中国国情国力，2017，（5）：37-40.

[11] 江西省农业厅. 江西省第三批省级现代农业示范区名单[J]. 江西农业，2015，（7）：63.

[12] 喻登科，毛惠芬，周荣. 江西省现代农业示范区建设的现状·问题与策略研究[J]. 安徽农业科学，2017，45（31）：234-237.

[13] 李居英. 江西现代农业示范区发展模式和运行机制研究[D]. 江西农业大学硕士学位论文，2014.

[14] 江西省科技厅农业处. 科技创新支撑引领江西现代农业发展——省科技厅厅长王海访谈录[J]. 时代主人，2012，（5）：6-9.

[15] 唐安来，翁贞林，吴登飞，等. 乡村振兴战略与农业供给侧结构性改革——基于江西的分析[J]. 农林经济管理学报，2017，16（6）：803-808.

[16] 门玉英，颜慧超，余昶颖，等. 湖北农业科技创新链发展现状及其体系构建路径研究[J]. 科技进步与对策，2013，30（14）：62-66.

[17] 谭旭辉. 湖北省农业科技创新体系建设研究[D]. 中国农业科学院硕士学位论文，2013.

[18] 门玉英，颜慧超，余昶颖，等. 湖北农业科技创新链发展现状及其体系构建路径研究[J]. 科技进步与对策，2013，30（14）：62-66.

[19] 党玉国. 湖北省农业科技竞争力研究[D]. 长江大学硕士学位论文，2012.

[20] 周恒. 湖北省农业信息资源服务对策与建议研究[D]. 华中师范大学硕士学位论文，2017.

[21] 吴永章. 湖北农技110信息服务体系建设与实现[D]. 华中农业大学硕士学位论文，2010.

[22] 向闯，黄祥国. 湖北农业技术转移服务体系建设SWOT分析[J]. 科技创业月刊，2017，30（15）：65-67.

[23] 苏柱华，李伟锋. 科技创新驱动广东现代农业发展现状分析与对策[J]. 广东农业科学，

2018，45（8）：139-147.

[24] 张明. 科学战略规划推动广东农村科技大发展[J]. 中国农村科技，2008，（11）：20-23.

[25] 张其富，吴一丁，赖丹. 双循环视角下粤港澳大湾区与周边地区均衡发展研究[J]. 企业经济，2021，40（11）：92-99.

[26] 李军民. 湖南省优质稻米产业链研究[D]. 湖南农业大学博士学位论文，2007.

[27] 寻舸，尤文佳，朱婷婷. 湖南省农业科技发展的金融支持现状与对策[J]. 农业现代化研究，2016，37（2）：290-297.

[28] 郜慧乾. 湖南省农业科技发展水平测度研究[D]. 中南林业科技大学硕士学位论文，2017.

[29] 周琼. 湖南省农业高新技术企业风险投资意愿与发展对策研究[D]. 湖南农业大学硕士学位论文，2016.

[30] 谷庆圆，李越. 湖南省农机合作社发展问题及对策[J]. 商业文化，2021，（32）：104-105.

[31] 莫华. 现代农业视角下湖南农民专业合作社发展研究[D]. 湖南农业大学博士学位论文，2017.

[32] 何会超. 浙江省粮食生产功能区建设的思考与分析[D]. 浙江大学硕士学位论文，2013.

[33] 周珺. 浙江省农业社会化服务体系建设研究[D]. 浙江师范大学硕士学位论文，2013.

[34] 赵丹丹. 浙江金华国家农业科技园区发展能力研究[D]. 浙江农林大学硕士学位论文，2019.

[35] 梁莎莎. 浙江省现代农业发展中的金融支持研究[D]. 浙江海洋大学硕士学位论文，2016.

[36] 费炜. 浙江省农村合作金融支持农业产业化发展的研究[D]. 浙江大学硕士学位论文，2013.

[37] 叶建利. 浙江省农业推广模式研究[D]. 西北农林科技大学硕士学位论文，2014.

[38] 柳百萍，胡文海. 安徽省现代农业发展模式研究[J]. 农业经济问题，2011，32（10）：16-20.

[39] 范梦妍，刘艳，龚昊安，等. 现代农业庄园发展模式探究——以安徽省为例[J]. 现代商业，2018，（10）：40-41.

[40] 孙正东. 安徽省现代生态农业产业化发展战略定位分析[J]. 安徽大学学报（哲学社会科学版），2015，39（6）：141-146.

[41] 查韬. 安徽省农业现代化发展水平评价研究[D]. 安徽农业大学硕士学位论文，2016.

[42] 高灿红，赵良侠，陈爽，等. 对《安徽省人民政府加快推进现代农作物种业发展的实施意见》的浅析[J]. 种子，2013，32（1）：63-69.

[43] 张世涛. 科学发展观视域下的安徽省农业信息化建设研究[D]. 安徽农业大学硕士学位论文，2015.

[44] 陈华. 关于发展四川农业经济的几点思考[J]. 福建农业，2014，（8）：58.

[45] 赵颖文，吕火明，卢波. 建国70年四川农业农村经济发展：成就、经验与愿景[J]. 农业经

济，2020，（12）：9-11.

[46] 雷蕾. 数写辉煌：百年农业发展看四川[J]. 四川省情，2021，（5）：6-10.

[47] 张友才，林俊. 四川：农业机械化发展势头强劲[J]. 四川省情，2022，（5）：48-50.

[48] 宋洁，赵文雯，刘仁鹏. 四川现代农业产业园发展路径研究[J]. 中国国情国力，2022，（10）：55-59.

[49] 雷蕾，赵津. 四川农业产业融合发展调研报告[J]. 四川省情，2022，（10）：40-41.

[50] 本刊编辑部. 云南高原特色农业取得辉煌成就[J]. 云南农业，2022，（10）：1.

[51] 张体伟. 云南开放农业40年发展成就回顾[J]. 社会主义论坛，2019，（7）：30-32.

[52] 赵书勇. "一县一业"择赛道 县域经济加速跑[N]. 昆明日报，2022-10-13（001）.

[53] 赵汉斌. 云南：农科教协同创新 打造服务乡村振兴新范式[N]. 科技日报，2021-11-22（003）.

[54] 陈良正，李隆伟，毛昭庆，等. 云南高原特色现代农业产业经济分析研究[J]. 中国农学通报，2019，35（30）：155-164.

第五章 山地丘陵地区农业科技协同创新模式选择的重庆实践

重庆是我国区域经济重要组成部分，因此，其农业的持续稳定高效发展关系到长江经济带和西部地区的经济发展和区域安全，重庆严峻的自然环境和生态环境，决定了重庆要不断提升农业科技协同创新能力，大力开展区域内及区际农业科技协同创新，为区域经济发展与农业产业价值增值提供发展动力。

第一节 "十三五"期间重庆市农业农村发展的成效

一、农业综合生产能力稳步提升

重庆市在保障主要农产品供给的基础上，加快调整农业产业结构，实现农业提质增效。全市农林牧渔业总产值由 2016 年的 1 851.60 亿元增长到 2020 年的 2 749.05 亿元，年均增速 9.7%。2020 年全年粮食播种面积 3 004.59 万亩，产量 1 081.42 万吨；油料播种面积 333.87 万亩，产量 67.07 万吨，实现稳中有增；蔬菜、瓜果产量 2 092.6 万吨，增长 4.2%。2020 年生猪出栏量 1 434.53 万头，家禽出栏 2.29 亿只[1]。特色效益农业发展持续加快，十大现代山地特色高效农业产业集群综合产值达到 4 500 亿元[1]。"十三五"期间，年蔬菜产量突破 2 000 万吨，标准化蔬菜基地面积 222 万亩。榨菜、调味品等产业特色突出、链条不断延伸。果茶生产快速增长，新发展果茶面积 185.6 万亩，达到 837.4 万亩，增长 28.5%。柑橘形成全国最大的容器苗生产基地；李产业规模达到 136.3 万亩，跃居全国第三，增长 1.89 倍；茶叶面积 98.2 万亩，增长 37.8%，产值倍增。中药材生产稳中

---

① 资料来源：2021 年《重庆统计年鉴》。

有进，新发展中药材 12.7 万亩，规模达到 283.1 万亩，增长 4.7%[1]。2020 年重庆水产品总量 52.4 万吨，其中养殖产量 51.88 万吨，人均占有量 16.4 千克[2]。

二、农业现代化水平持续提升

重庆农业基础设施建设持续发力，截至 2022 年，重庆"四好农村路"达到 8.7 万公里，全市农村公路总里程达到 16.5 万公里，路网密度西部第一。实施交通建设三年行动计划以来，累计投入 293 亿元新建农村公路 6.26 万公里，规模为历史之最。全市具备条件的村民小组实现 100%通公路、92.4%通硬化路，建制村实现 100%通硬化路、100%通客车[3]。推进渝西水资源配置工程、藻渡水库等 5 个项目纳入国家 150 项重大水利工程项目名单，建成大中小型水库 2 961 座，实施长江、嘉陵江、乌江等重要中小河流治理 284 处，建成各类农村饮水巩固提升工程 2.1 万处，有效灌溉面积 1 047 万亩[4]。农村自来水普及率提高到 86%[4]。畜牧业现代化进程显著加快，在"十三五"期间逐渐形成武隆山区草食牲畜产业带、秦巴山区草食牲畜产业带、南武彭优质中蜂产业带、荣大永荣昌猪产业带，其中市级名牌畜产品累计达到 186 个[5]。产业经营体系建设日趋完善，致力于培养新型职业农民、新型专业大户、新型专业合作社和新型龙头企业。

"十三五"以来，重庆市农业高质量发展取得重大进展，十大现代山地特色高效农业产业集群综合产值达到 4 500 亿元。"巴味渝珍"入选新华社民族品牌工程，主要农产品质量安全例行监测合格率保持在 97%以上。累计建成高标准农田 1 301 万亩，农作物耕种收综合机械化率达到 52%、良种覆盖率达到 98%，农业物质技术装备水平日益提高。化肥、农药使用量累计分别减少 7%、9.3%，畜禽粪污综合利用率达到 80%以上[6]。

2020 年，全市实现乡村休闲旅游经营收入 658 亿元，接待游客 2.11 亿人次，

---

① 资料来源：《重庆市农业农村委员会关于印发重庆市农业经济作物发展"十四五"规划（2021—2025 年）》。

② 资料来源：《重庆市农业农村委员会关于印发重庆市养殖水域滩涂规划（2022—2030 年）的通知》。

③ 重庆三年新建成农村公路 6.26 万公里. https://baijiahao.baidu.com/s?id=1732592798637601709&wfr=spider&for=pc.2022-05-12.

④ 重庆市人民政府办公厅关于印发重庆市水安全保障"十四五"规划 （2021—2025 年）的通知. https://www.cq.gov.cn/zwgk/zfxxgkml/wlzcxx/hmlm/whszf/202110/t20211019_9852768.html，2021-10-19.

⑤ 重庆市农业农村委员会关于印发重庆市畜牧业发展"十四五"规划（2021—2025 年）的通知. http://nyncw.cq.gov.cn/zwxx_161/tzgg/202112/t20211229_10252016.html，2021-12-29.

⑥ 资料来源：《重庆市人民政府关于印发重庆市推进农业农村现代化"十四五"规划（2021—2025 年）的通知》（渝府发〔2021〕22 号）。

带动 64.01 万户农户增收[①]。

三、农村面貌变化全面深刻

农村人居环境得到显著改善。截至 2020 年，农村卫生厕所普及率达 82.1%，全市行政村生活垃圾有效治理比例达到 99.9%，生活污水治理、村容村貌整治提升、农业废弃物资源化利用等专项行动有序推进，全市建成美丽宜居住村庄 431 个[②]，基本建成生活垃圾分类示范村 2 866 个[③]。农村教育、医疗卫生、文化体育等社会保障事业全面发展，2020 年农村 5 230 所义务教育学校办学条件达到基本要求，建成卫生室 9 914 个。2020 年全市所有脱贫村通宽带，4G 信号全覆盖，农村电网供电可靠率达 99.8%。2020 年重庆基层医疗卫生机构 19 838 个，其中社区卫生服务中心 557 个，乡镇卫生室 816 个，村卫生室 9 815 个[2]。"十四五"期间，全市基本医疗保险参保率稳定在 95% 以上[④]。在"十三五"期间全面建成"农村 30 分钟，城市 15 分钟"医疗服务圈，区县域内就诊率达到 91.6%。农村改革创新工作全面铺开，农民工进城落户制度支持、农村产权制度改革、地票交易、农村承包地流转、政策性农业保险体系等各项改革创新工作取得实质性进展[3]。"三变"改革让 103 万人从农户转变为股东，"三社"融合发展惠及 7.4 万名新型农业经营主体，农村集体经济"空壳村"基本消除。已经全面完成农村集体产权制度改革，共有 8 992 个村级集体经济组织实行登记赋码，实现农村实物产权挂牌交易 73 万余亩，其中承包地经营权流转 53 万余亩。脱贫攻坚取得全面胜利，全市 14 个国家级贫困县和 4 个市级贫困区县全部摘帽，1 919 个贫困村全部出列，动态识别的 190.6 万建档立卡贫困人口全部脱贫[4]。

四、人民生活水平逐渐提高

增加农民收入是解决农民问题的关键，也是解决"三农"问题的核心。如图 5-1 所示，在 2016~2020 年，重庆农村居民人均可支配收入保持持续上升趋

---

① 三产融合　融出发展新动能. https://www.cq.gov.cn/ywdt/zwhd/bmdt/202103/t20210308_8974302.html，2021-03-08.

② 推进人居环境整治 渝已建成 431 个美丽宜居乡村. https://baijiahao.baidu.com/s?id=1688187394182756037&wfr=spider&for=pc，2021-01-07.

③ 重庆生活垃圾分类工作持续保持西部城市第一. https://baijiahao.baidu.com/s?id=1689027368770592108&wfr=spider&for=pc，2021-01-16.

④ "十四五"期间 重庆基本医疗保险参保率每年保持在 95% 以上. https://baijiahao.baidu.com/s?id=1723000549881826365&wfr=spider&for=pc，2022-01-26.

势，由 2016 年的 11 548.8 元增加至 2020 年的 16 361.4 元，年均增加 962.52 元。重庆农村居民人均消费性支出从 2016 年的 9 954.4 元增加到 2020 年的 14 139.5 元，年均增加 837.02 元。随着生活水平的提高，人们对生活的需求越来越多样化，从而满足更高生活需求的消费支出也逐步上升。重庆农村居民用在食品、服装、教育文化、交通、医疗保健等方面的支出逐年增加。

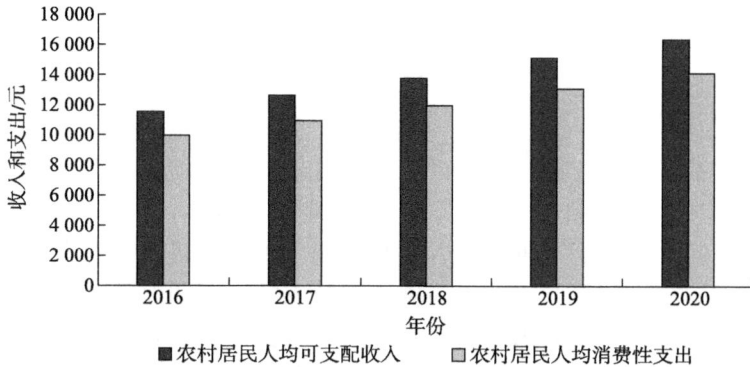

图 5-1 2016~2020 年重庆农村居民人均可支配收入和消费性支出

资料来源：国家统计局数据库

五、农业产业结构不断优化

大力发展现代山地特色高效农业，推动农业高质量发展。在确保粮食安全基础上，重点发展柑橘、榨菜、茶叶、中药材、调味品、特色水果、特色粮油、特色经济林等特色产业[5]。在"十三五"期间，对粮食作物面积做了适当调整，减少粮食种植面积 36 万亩，增加了特色农业种植面积，如茶叶种植面积从 2016 年的 39.5 万亩增加至 2020 年的 52.1 万亩，年均增加 2.52 万亩；果园面积从 2016 年的 272.1 万亩增加到 2020 年的 347.8 万亩，增速 27.8%。整理可知，2016~2020 年，重庆农、林、牧、渔业总产值持续稳定增长，特别是林业和畜牧业增速较快，年均增速分别为 14.3% 和 12.4%。2016 年重庆农、林、牧、渔业总产值 1 821.27 亿元，2020 年为 2 701.33 亿元，农业占比从 2016 年的 61.70% 调整为 2020 年的 59.08%，林业、畜牧业、渔业比重分别从 4.09%、29.58%、4.68% 调整为 4.67%、32.27%、3.97%。2016~2020 年重庆农、林、牧、渔业总产值如表 5-1 所示。

表 5-1 2016~2020 年重庆农、林、牧、渔业总产值（单位：亿元）

年份	农业	林业	畜牧业	渔业
2016	1 123.83	73.43	538.69	85.32

续表

年份	农业	林业	畜牧业	渔业
2017	1 165.69	85.17	522.48	94.81
2018	1 292.68	101.14	520.05	100.39
2019	1 397.49	113.12	679.52	105.30
2020	1 596.13	126.04	871.85	107.31

资料来源：国家统计局数据库

六、农业机械化水平不断提高

重庆集大城市、大农村、大山区、大库区于一体，城乡协调发展任务繁重，农村农业发展需要农业科技协同创新以提高农业生产效率，提升农民生活质量[6]。"十三五"期间，出台了《重庆市人民政府关于加快推进农业机械化和农机装备产业转型升级的实施意见》等政策措施，支持农机装备研制创新、组建农机装备技术创新联盟、持续开展农田宜机化示范改造、推进农业机械化生产示范基地建设、加快培养农机人才等以促进农业机械化发展[7]，如在梁平、垫江等地区开展主要农作物生产全程机械化示范项目。如图 5-2 所示，2016~2020 年，重庆农用机械总动力保持持续增长，从 2016 年的 1 318.7 万千瓦增加到 2020 年的 1 498 万千瓦，增速 13.6%。

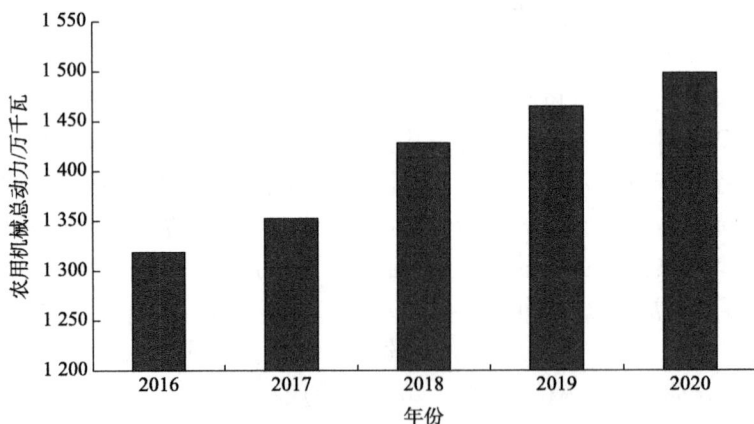

图 5-2　2016~2020 年重庆农用机械总动力
资料来源：国家统计局数据库

七、节约型农业不断发展

随着经济社会的快速发展，现有的农业资源难以满足人们日益增长的物质需求，急需提升农业科技水平，提高农业生产效率。"十三五"期间，重庆节约型农业发展不断完善，取得了显著成效。如表 5-2 所示，从农业有效灌溉面积来看，2016~2020 年，农业有效灌溉面积持续增长，从 2016 年的 690.60 万亩增加到 2020 年的 698.32 万亩，增加 7.72 万亩，推动了节约型农业发展；从化肥使用量来看，2016 年农用化肥使用量为 96.14 万吨，2020 年为 89.83 万吨，减少 6.6%；从农药使用量来看，农药使用量逐年下降趋势，从 2016 年的 17 604 吨降低到 2020 年的 16 205 吨，年均减少 279.8 吨；从农业塑料薄膜使用量来看，农业塑料薄膜使用量从 2016 年的 45 265 吨减少到 2020 年的 41 694 吨，较 2016 年减少 7.9%，年均减少 1.6%。"十三五"期间重庆市致力推进农村农业生态发展，在推动农业绿色发展背景下提高农作物养分资源高效利用，农业有效灌溉面积持续增加，农用化肥、农药和农业塑料薄膜使用量减少，在保障农村农业发展的前提下最大限度地保护农业生产环境。

表 5-2　2016~2020 年重庆农业有效灌溉面积和农用化肥、农药、农业塑料薄膜使用情况

年份	农业有效灌溉面积/万亩	农用化肥使用量/万吨	农药使用量/吨	农业塑料薄膜使用量/吨
2016	690.60	96.14	17 604	45 265
2017	694.26	95.46	17 467	45 479
2018	696.94	93.17	17 191	44 625
2019	697.68	91.08	16 542	42 559
2020	698.32	89.83	16 205	41 694

资料来源：《中国农村统计年鉴》

八、农村生态环境不断改善

牢固树立绿水青山就是金山银山的理念，坚持走生态优先、绿色发展之路。一是着力开展村庄规划工作。将其作为实施乡村振兴战略的"第一道工序"，制定了 5 个镇村规划文件，推进 3 个历史文化名镇、28 个历史文化名村保护规划编制工作，380 个镇乡规划编制基本完成。二是大力改善农村人居环境。出台《重庆市农村人居环境整治三年行动实施方案（2018-2020 年）》，推动全市有人居环境整治任务区县实现三年行动实施方案全覆盖。制定"五沿"区域农村人居环境整治行动方案，启动以"三清一改"为重点的"村庄清洁百日行动"。截至 2020 年，全市建制村生活垃圾有效治理率达 99.9%、卫生厕所普及率达 82%、养殖场畜禽粪污综合利用率达 80%以上，2016~2020 年化肥、农药使用量累计分别减少 7%、9.3%。完成旧房改造提升 32.45 万户[8]。三是加快推进乡村绿色发展。坚决打好农业农村污染防治攻坚战，抓好乡村生态保护、修复和建设，制定《关于创新体制机制推进农业绿色发展的实施意见》等政策文件。大力推进重点生态工程建设，实施新一轮退耕还林还草427.8万亩、天然林保护工程138.8万亩、长江防护林建设19万亩、岩溶地区石漠化综合治理1 638平方千米，推进龙溪河等流域生态修复治理。由点及面推进高毒农药禁止使用试点，化肥农药施用量降低0.5个百分点。推动禁养区养殖场（户）关闭搬迁工作，完成43万头生猪当量治理[①]。

第二节　重庆农业科技协同创新的发展基础

一、重庆高等院校数量不断增加，为农业科技协同创新提供支撑

2020年重庆普通高等学校数量达到68所，比2008年的47所增加了21所，高等教育资源不断丰富。重庆高等院校资源优于全国平均水平，如图5-3所示，2008~2020年，重庆每百万人拥有普通高等院校数量从1.66所增加到2.12所，全国每百万人拥有普通高等学校数量则是从1.70所变为1.94所，重庆与全国的绝对差在绝大多数年份为正数，表明重庆人均拥有高等学校数量高于全国平均水平，具备较为丰富的高等教育资源，能够为农业科技协同创新发展提供高素质人才，为农业科技协同创新提供支撑。

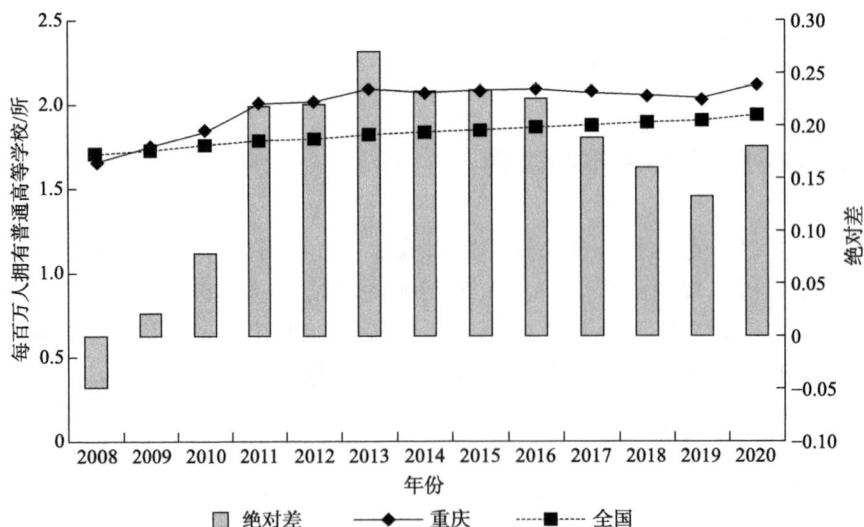

图5-3　2008~2020年重庆与全国每百万人拥有普通高等学校

资料来源：国家统计局数据库

---

① 资料来源：重庆市人民政府，https://www.cq.gov.cn/。

　　总体上看，重庆高等学校数量波动增长，除 2008 年外，每百万人拥有普通高等学校数量一直高于全国平均水平，能够为农业科技协同创新起到强有力的支撑作用。

　　一方面，高等学校为农业科技创新活动提供人才培养平台。农业科技创新需要大量技术人员的支持，鉴于人才在地区之间流动存在一定壁垒，相比人才引进，本地区培养是快速积累人力资源的有效途径，关键在于拥有足够数量的教育平台提供支撑作用。重庆较高的高等学校人均拥有量能够确保培养农业科技创新所需的农艺农技、农业机械、农业经营管理等人才，为农业科技协同创新提供人才培养的平台保障。

　　另一方面，高等学校是重要的农业科技研发机构与平台。高等学校拥有较为丰富的教育教学资源，在农业科技研发领域具备各类试验田、实验室、实验设备、实验器材等，有利于科技研发活动的开展，为重庆农业科技创新奠定研发基础。同时，重庆高等学校易于与全国乃至世界各类大学、研发机构开展交流与合作，能够促进农业科技研发的合作与交流，加快农业科技协同创新步伐。

二、农村土地集约利用水平较高，增加农业科技协同创新市场需求

　　重庆农村土地集约利用水平较高，要素节约型农业技术需求量较大，农业科技创新市场发展潜力较大，有效推动农业科技协同创新发展。以谷物单位面积产量为例，如图 5-4 所示，2008~2020 年，重庆谷物单位面积产量逐渐提高，2020 年谷物单位面积产量达到 6 626.5 千克/公顷，较 2008 年的 6 338.1 千克/公顷，每公顷土地产量增加了 288.4 千克。从全国平均数据来看，谷物单位面积产量同样在 2008~2020 年呈现升高态势，2020 年全国谷物单位面积产量平均值为 6 295.6 千克/公顷，较 2008 年的 5 550.8 千克/公顷有了明显提升。在 2008~2020 年，重庆谷物单位面积产量一直高于全国平均水平，说明重庆农村土地集约利用水平较高，能够以较少的土地获得较大农产品产出。从谷物单位面积产量上看，重庆与全国平均水平的绝对差在逐渐缩小，每公顷土地谷物产出量的差距从 2008 年的 787.3 千克降低至 2020 年的 331.0 千克。

　　总体上看，重庆土地集约利用水平呈现逐步提升的态势，谷物单位面积产量始终高于全国平均水平，反映出重庆农业科技创新市场潜力较大，科技协同创新动力较强。

　　一方面，土地集约高效利用强化农业科技创新动力。以职业农民为代表的新型农业经营主体属于"理性经济人"，追求生产的利润最大化，短期生产决策中，投入农业的土地面积难以改变，追逐利润的途径在于增加单位面积产

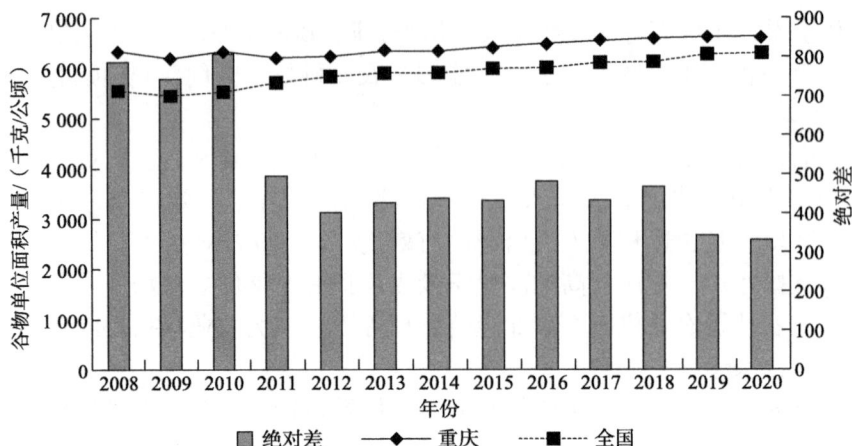

图 5-4　2008~2020 年重庆与全国谷物单位面积产量
资料来源：国家统计局数据库

量。土地集约高效利用实现了农业经营主体的经营目标，为其继续投入或者购买农业科技创新服务提供了根本动力，为进一步通过农业科技创新提高土地集约利用效率，进而增进生产经营效益创造了需求。在若干农业生产经营者市场需求的激励下，农业科技协同创新有了发展的市场基础，进而实现科技协同创新发展。

另一方面，土地集约利用促进农业多样化生产，激发农业科技协同创新市场需求。重庆地形地貌特殊，具备发展柑橘、榨菜、中药材等特色农产品产业基础。土地集约利用使得满足基本粮食生产规模需要的土地投入量减少，有利于促进农业多样化生产，带动一批特色农产品产业发展，就特色农产品生产而言，相比粮油等大宗农作物种植，生产技术标准要求较高，农业科技创新需求具有差异化，对农业科技协同创新要求更高。随着特色农业产业发展，对于特殊性的农业科技创新需求会越来越旺盛，从而扩大科技协同创新的市场空间，从需求侧带动农业科技协同创新发展。

三、农业产业链的发展较为完善，有效促进农业科技协同创新

重庆农业产业链的发展较为完善，农村第一二三产业协调发展态势良好，有利于促进农业科技协同创新发展。如图 5-5 所示，2008~2020 年，重庆农林牧渔业增加值占总产值比重始终处在一个较高水平线上，最高年份在 2015年，达到 71.48%，最低年份在 2020 年，为 65.60%。全国农林牧渔业增加值占总产值比重在 2008~2020 年为 56.43%~61.02%。对比重庆与全国平均水平，重

庆农林牧渔业增加值占总产值比重在 2008~2020 年一直高于全国平均水平。从两者绝对差的平均值来看，重庆农林牧渔业增加值占总产值比重高出全国平均水平 10.01 个百分点，充分说明重庆农业生产增加值占总产值比重较高，支撑农业生产价值增值的产业链条发展较为完善，且与全国平均水平相比具有较为明显的优势。

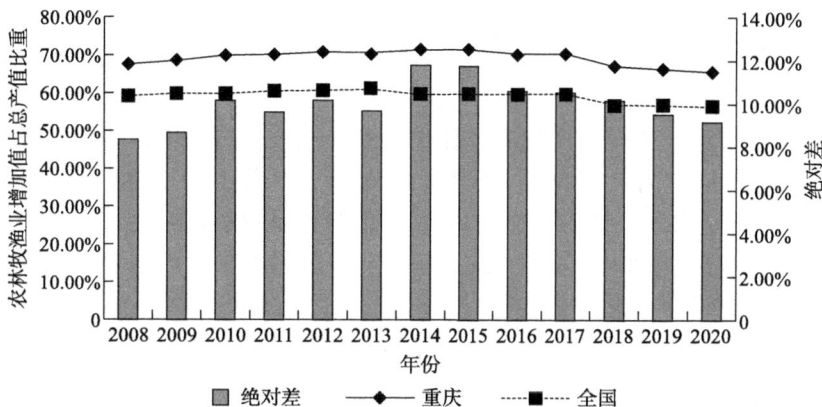

图 5-5　2008~2020 年重庆与全国农林牧渔业增加值占总产值比重

资料来源：国家统计局数据库

总体上看，重庆农业产业链发展处在较高水平，产业链条的延伸能够有效促进农业科技协同创新的快速发展。

首先，较高的产业链发展水平催生出对农业生产各个环节技术创新的需求。重庆农业产业链发展较为完备表明重庆农业生产基本建立了产前、产中、产后的环节链条，不同生产环节均对农业科技创新具有旺盛的需求，如产前环节需要高质量的生产资料，产中环节需要高效率的生产技术，产后环节需要高水平的加工工艺，这些都从不同维度增加了农业技术创新的需求和动力。在满足农业产业链各个生产环节技术创新需求的过程中，重庆农业科技创新水平在不断提升。

其次，产业链各个环节有机衔接有利于农业科技创新的协同推进。产业链上不同环节生产技术具有较为明显的差异，如何有效匹配和衔接各个环节技术研发直接影响农业科技在生产过程中的作用发挥，可行的路径在于各个生产环节经营主体通过分工与协作，制定符合全产业链标准的各环节技术要求。在此过程中，需要加强农业经营主体之间交流与联系，客观上为农业科技研发活动的协调开展创造了空间，有利于科技协同创新发展。

最后，产业链延伸带来的附加值增长有助于农业研发活动发展。根据产业"微笑曲线"发展规律，随着产业链发展及附加值增长，处于产业链上游的科技研发活动会获得更大的发展空间，更多具有规模和实力的企业会从生产中剥离出来专门从事科技研发活动。对于重庆农业而言，产业链延伸能使一批农业企业专门开展科技研发活动，同时注重与农业生产经营者、高校及科研院所的合作，有助于农业科技协同创新发展。

四、农业固定资产投资保持稳定，奠定科技协同创新发展基础

重庆农业固定资产投入保持稳定，较高比例的农业固定资产投资为农业科技协同创新发展奠定坚实基础。从图5-6反映的情况看，在2008~2020年，重庆农林牧渔业全社会固定资产投资占总产值比例最高年份在2015年，达到33.14%，最低年份在2008年，为10.46%。从全国平均水平上看，在2008~2020年，全国农林牧渔业全社会固定资产投资占总产值比例最高年份在2018年，达到9.75%，最低年份在2008年，为2.77%。与全国平均水平相比，重庆农林牧渔业全社会固定资产投资占总产值比例处于较高水平，2008~2020年重庆农林牧渔业全社会固定资产投资占总产值比例平均值高出全国水平19.00个百分点，不过这个绝对差在逐渐缩小。

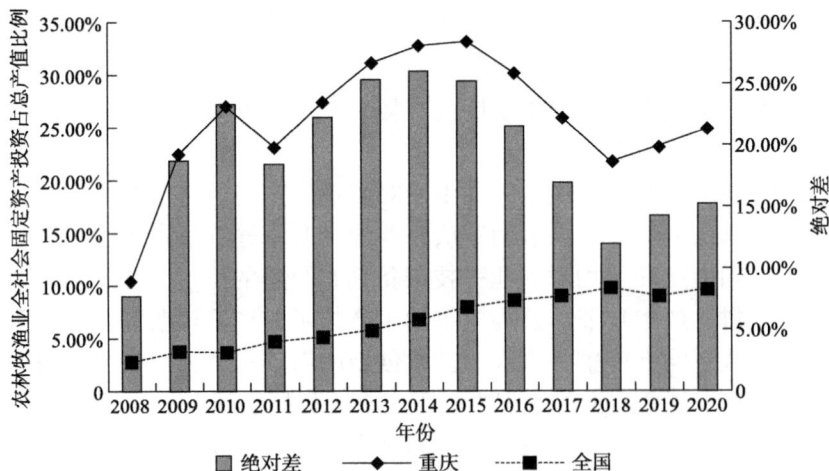

图5-6   2008~2020年重庆与全国农林牧渔业全社会固定资产投资占总产值比例
资料来源：国家统计局数据库

总体上看，重庆农业固定资产投资水平保持较高水平，与全国平均水平相比具有较为明显的优势，这为农业科技协同创新发展奠定坚实物质基础。

一方面，农业科技研发活动需要固定资产投资作为物质基础。科技研发活动通常需要足够数量的投资以维持正常运转，特别是需要投入实验室、试验田、仪器设备等固定资产，而这些固定资产往往需要较高的资金作为购置保障。重庆农

业领域固定资产投资占总产值比例较高，表明生产中较高比例的收益作为投资继续在后续生产中发挥作用，为农业科技研发的投资来源渠道创造了空间，有利于扩大农业科技研发资金来源，促进农业科技协同创新发展。

另一方面，农业固定资产投资水平较高可以提升农业科技创新成果转化率。农业科技创新成果转化需要建立在持续性投入的基础之上，换言之，农业科技成果的形成往往不是一蹴而就，而是依靠长时期的稳定投入。正是稳定的固定资产投资为农业科技协同创新活动的持续开展提供了稳定支持，可以提升农业科技创新成果的转化率，增加科技研发活动的成功率，保障农业科技协同创新发展。

五、农业抗风险的能力有所增强，有助于科技协同创新的发展

重庆农业抵抗自然风险的能力有所增强，农业生产条件有所改善，有助于农业科技协同创新的发展。图 5-7 的数据结果显示，重庆农业成灾面积与受灾面积之比在 2008~2019 年为波动下降的趋势，2019 年成灾面积与受灾面积之比为 0.33，与 2008 年的 0.60 相比，降低了 0.27，最低年份在 2010 年，为 0.32，农业成灾面积与受灾面积之比的平均值为 0.47。从全国平均水平上看，农业成灾面积与受灾面积之比在 2008~2019 年表现为波动下降态势，2019 年农业成灾面积与受灾面积之比为 0.41，最低年份在 2011 年，为 0.38，农业成灾面积与受灾面积之比的平均值为 0.49。从绝对差来看，在 2008~2019 年，重庆农业成灾面积与受灾面积之比有 6 年低于全国平均水平。

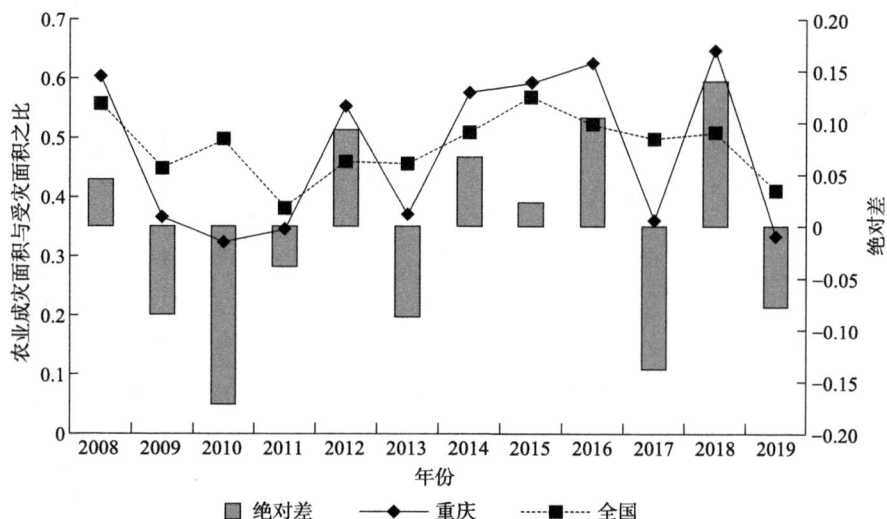

图 5-7　2008~2020 年重庆与全国农业成灾面积与受灾面积之比

资料来源：《中国农村统计年鉴》

总体上看，重庆农业抗自然风险的能力有所提升，农业生产抵御自然风险的能力略高于全国平均水平，较强的抗自然风险能力有利于农业科技协同创新活动发展。

一方面，抗自然风险能力高有助于科技创新实践效果发挥。农业属于自然再生产和经济再生产的结合，农作物生产面临自然灾害的威胁，完善的防灾设施是抵御自然风险的关键。抗自然风险能力的提高能够保证农业生产在自然灾害发生时把损失降至较低水平，有利于保障农业科技创新实践与农业生产的成果。随着农业抗自然风险能力的提高，重庆农业生产发展日益稳定，在面对自然灾害威胁时，不至于大面积减产，能够最大限度地保证农业科技协同创新活动的作用效果的发挥，进而有助于农业科技协同创新发展。

另一方面，抗自然风险能力强能够促进农业科技创新投入。较好的抵御自然风险能力可以增强农业经营主体继续投入农业生产与研发的信心，促使更多资源投入农业科技创新活动当中[9]。目前，重庆农业抗自然风险能力日益提高，农业经营主体长期投资于农业生产的信心和意愿较为强烈，能够扩大农业科技创新在物质资料和人力资本等方面的投入，强化农业科技协同创新的进一步发展。

六、农业绿色发展水平稳步提升，为科技协同创新发展奠定良好基础

重庆大力推进农村农业绿色生态发展，推进农业现代化可持续性发展。如图 5-8 所示，在 2008~2020 年，重庆化肥施用强度总体上呈现出波动下降的趋势，2020 年化肥施用强度为 266.36 千克/公顷，比 2008 年的 283.49 千克/公顷降低了 17.13 千克/公顷，最高年份在 2011 年，为 296.3 千克/公顷，化肥施用强度的平均值为 286.82 千克/公顷。从全国平均水平来看，化肥施用强度也是呈现出波动变化趋势，在 2008~2014 年，化肥施用强度持续增长，从 2008 年的 336.78 千克/公顷增加到 2014 年的 362.99 千克/公顷；在 2014~2020 年呈现出逐渐下降的趋势，化肥施用强度减少到了 2020 年的 313.5 千克/公顷，较 2014 年降低了 49.49 千克/公顷，化肥使用强度的平均值 437.92 千克/公顷。从绝对差上看，在 2008~2020 年，重庆化肥施用强度始终低于全国平均水平，重庆推进绿色生态发展方面有一定进步。

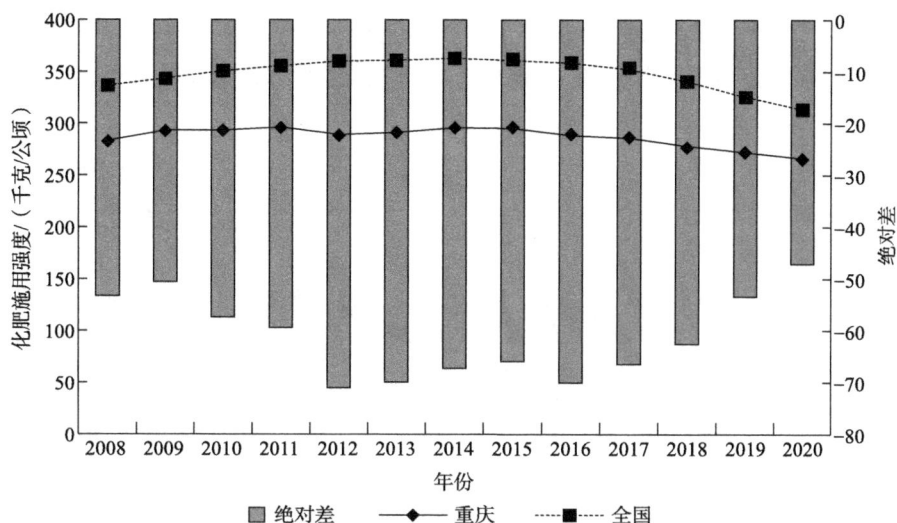

图 5-8　2008~2020 年重庆与全国化肥施用强度

资料来源：国家统计局数据库

总体上看，重庆农业绿色发展水平稳步提升，为农业科技协同创新发展奠定了良好基础，同样，农业科技协同创新的发展会进一步推动农业现代化可持续发展。

一方面，农业绿色发展水平稳步提升能促进农业科技协同创新能力提升。农业绿色发展与科技协同创新能力紧密相连，农业稳步发展进一步加强农业科技协同创新基础设施建设水平，切实提高了农业科技协同创新的核心地位。此外，农业绿色发展产生多样化的需求和可能，需要新的技术和新的成果运用到农业发展中，进一步提高农业科技协同创新的产出能力。

另一方面，农业科技协同创新发展在农业新技术、新成果等多方面为农业绿色发展提供重要支撑。随着经济社会的不断发展，资源约束和环境压力越来越大，必须通过现代化科学技术转变传统农业生产技术，破解农业农村环境资源问题，提高科研成果转化效率，增加农作物产量。只有依靠农业科技协同创新发展，才能加速推动农业绿色可持续发展。

七、农村经济发展态势向好，为科技协同创新注入强劲动力

农业农村经济发展态势逐渐向好，为确保农产品供应和质量，提高农民收入和生活水平，促进农业科技协同创新发展注入强有力信心。如图 5-9 所示，在 2008~2020 年，重庆农村居民人均消费性支出逐年增加，2020 年农村人均消费性支出为 14 139.5 元，较 2008 年的 2 884.9 元，增加了约 3.9 倍。从全国平均数据来看，农村人均消费性支出同样在 2008~2020 年呈现升高态势，2020 年农村人均消

费性支出为 13 713.4 元，较 2008 年的 4 054 元有了大幅度的提升。从两者的绝对差来看，重庆与全国平均水平之间的差距为先逐渐扩大再渐渐缩小，特别是在2020 年重庆农村人均消费性支出已经超过全国平均水平。

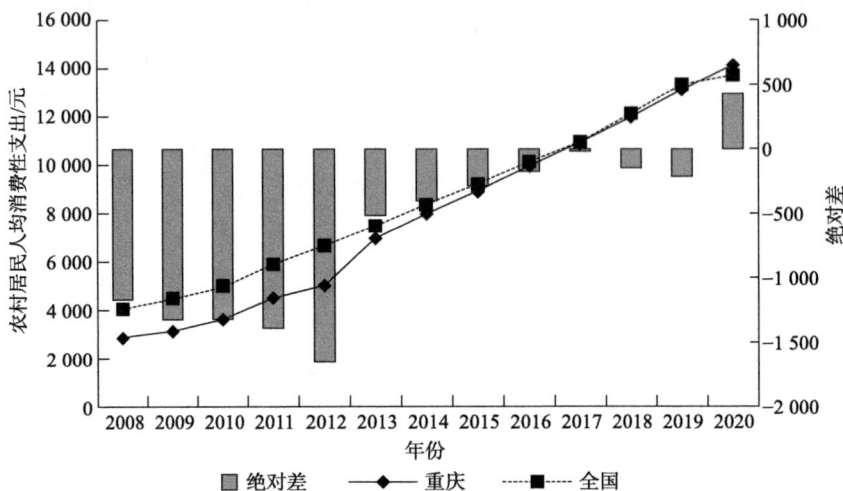

图 5-9　2008~2020 年重庆与全国农村居民人均消费性支出

资料来源：国家统计局数据库

　　总体上来看，重庆农村经济发展逐渐向好，重庆农村居民人均消费性支出与全国平均水平的差距逐渐缩小，这为农业科技协同创新发展注入强劲动力。

　　一方面，农村农业经济发展态势逐渐向好，人民生产生活水平逐渐提高，这离不开农业科技协同创新的发展。农业科技协同创新能够解决农业发展过程中遇到的难题，利用前沿技术提高农业科技创新能力和科技成果转化率，促进农业综合生产力提升，增加农民收入，推动农业高质量发展[10]。

　　另一方面，农村经济发展逐渐向好是农业科技协同创新发展的最终成果。在推进农业科技协同创新发展中，坚持以特色产业需求为导向，在重点领域实现创新发展，推动农村地区经济发展。

八、基础设施建设日益完善，为科技协同创新奠定坚实基础

　　重庆农村基础设施建设日益完善，农业生产条件不断改善，为农业科技协同创新发展奠定了坚实基础。如图 5-10 所示，在 2008~2020 年，重庆农村水电站数逐年增加，2019 年农村水电站达到 1 560 个，较 2008 年的 1 118 个增加了 442 个，年均增加约 40 个。从全国平均数据来看，2008~2020 年，农村水电站个数始终保持在一个较高水平线上，平均值达到 1 481 个，最高年份在 2016 年，达到 1 533

个，最低年份在 2020 年，为 1 418 个。从两者的绝对值来看，重庆与全国平均水平之间的差距越来越小，直到 2016 年重庆农村水电站数已高于全国平均水平，这表明重庆农村基础设施建设逐渐完善，农民生产生活条件越来越好。

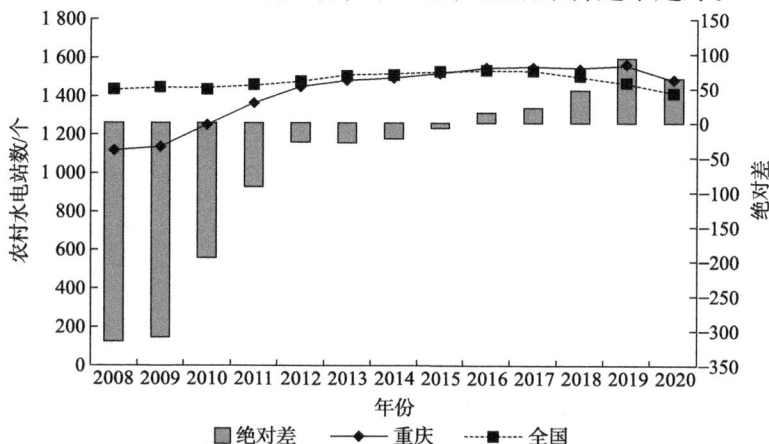

图 5-10　2008~2020 年重庆与全国农村水电站数

资料来源：国家统计局数据库

总体上看，重庆农村基础设施建设取得重大进展，日益完善的基础设施为农业科技协同创新发展奠定坚实的基础。

一方面，完善的基础设施建设能有效拓宽农业科技协同创新发展的市场需求。随着农村交通、通信、水利等多方面建设步伐加快，农业科技协同创新成果面向农村市场更加广阔，各种不同需求也逐渐展现，能够有效拓宽农业科技协同创新发展的农村市场需求。

另一方面，完善的基础设施建设能够进一步推进农业科技协同创新发展。基础设施不断完善升级，特别是农村 5G 网络、农业机器人、农业农村大数据中心、乡村数据电视网等新基础设施的发展，进一步提高农业数据采集质量和效率，为农业科技协同创新发展奠定坚实基础[11]。

第三节　重庆农业科技协同创新的制约因素分析

一、农业科技研发经费投入不足，协同创新资金规模仍需扩充

重庆农业科技研发经费投入数量不足，仍需扩充创新和研发资金的规模，保障农业科技协同创新活动开展。如图 5-11 所示，在 2008~2020 年，重庆研发机构

科技活动人员人均经费内部支出总体呈现增长趋势，2020 年达到 49.83 万元，比 2008 年增长了 32.35 万元，平均每年增长 1.46 万元，但与北京、天津、上海相比仍有很大差距，2020 年北京、天津、上海分别达到 69.19 万元、53.51 万元、70.67 万元，比重庆高出 19.36 万元、3.68 万元、20.84 万元。在 2008~2020 年，重庆研发机构科技活动人员人均经费内部支出只在 2017 年高于天津，其余年份均低于其他三个直辖市，最大差距在 2019 年，比上海少 28.64 万元。

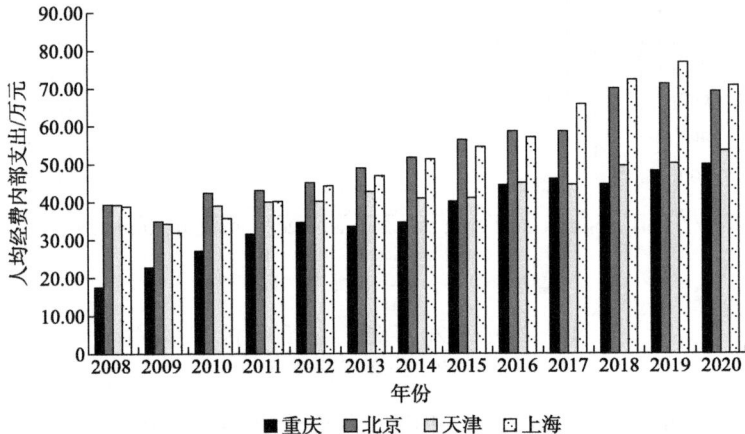

图 5-11　2008~2020 年直辖市研发机构科技活动人员人均经费内部支出
资料来源：2009~2021 年《中国科技统计年鉴》

总体上看，重庆研发机构科技活动人员人均经费内部支出波动变化，且始终低于其余直辖市（除 2017 年），说明重庆农业科技研发经费投入有限，亟须扩充科研活动资金投入，从而带动农业科技协同创新发展。

首先，农业科技协同创新活动需要大量研发资金支持。农业科技创新活动具有投入大、产出少、高风险的特征，需要投入大量的资金才能保障应有的研发成果转化。无论是科研机构还是农业科技企业，都需要多次重复科研实验才能获得理想的实用新型农业生产技术，这些实验都需要有大规模的资金注入。因此，重庆农业科技创新活动经费投入水平低于其余直辖市，急需扩大经费支出规模，才能得到足够数量的科研产出，进而推动农业科技协同创新的发展进程。

其次，农业科研经费数量不足会影响科技活动人员积极性。农业科技活动人员从事科研工作，离不开经费的支持。只有足够数量的科研活动经费作为保证，才能激发农业科技研发人员的工作积极性，把农业技术创新的研究构想转化为现实的研究成果，实现人力资本向农业实用科技与生产技艺的转变。重庆研发机构科技活动人员人均经费内部支出远低于全国平均水平，难以激发农业科技活动人员的研究热情[12]，制约了农业科技创新活动发展的步伐，需要及时增加科技研发资金投入，保障农业科技协同创新实施人员的工作积极性。

最后，农业科技活动经费投入不足难以撬动社会资金参与。农业科技创新活动是一项具有高风险和正外部效应的研发活动，政府是研发机构科技活动经费投入的主要承担者。然而，农业科技协同创新需要政府、企业、职业农民、科研院所等多主体的共同参与，在资金投入方面也需要政府引导，社会各界共同投入。重庆农业科技活动经费投入不足，可能会影响其他农业科技创新主体，特别是企业的资金投入力度，进而制约农业科技协同创新活动开展，亟须加强农业科技活动经费投入。

二、研究与试验发展人员短缺，农业科技协同创新支撑力不够

近几年，重庆研究与试验发展人员数量有所提升，2020 年重庆研究与试验发展人员全时当量为 105 712 人年，是 2008 年的 3.07 倍，2019~2020 年超过了天津研究与试验发展人员全时当量。重庆与北京、上海相比差距明显，与北京和上海的差距分别由 2008 年的 189 551 人年、95 129 人年扩大到 2020 年的 336 280 人年、228 621 人年（图 5-12），使得农业科技协同创新支撑力不够。

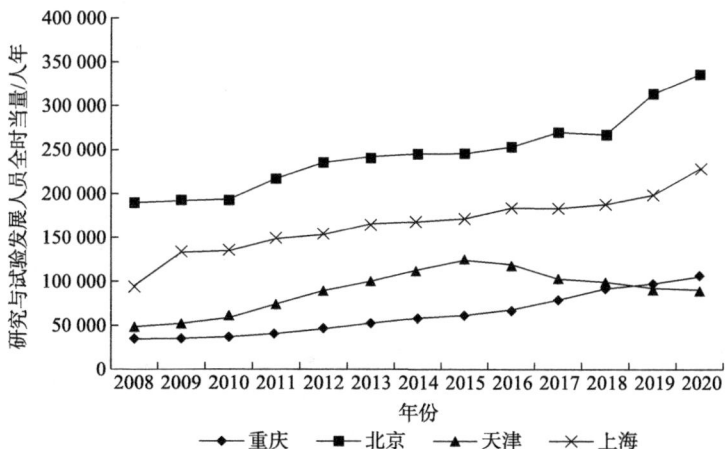

图 5-12　2008~2020 年直辖市研究与试验发展人员全时当量

资料来源：ESP 数据库

总体上看，尽管重庆研究与试验发展人员数量有所提高，但与其他直辖市相比仍存在差距，使得在农业科技协同创新中的支撑力度不足。

一方面，研究与试验发展人员作为科技创新中重要投入要素，决定了农业科技创新活动的成效。在众多科技创新投入要素中，研究与试验发展人员具有不可替代的作用，在农业科技研发、生产技术运用与推广上发挥着重要作用，只有依

靠大量农业研究与试验发展人员的投入，才能够拥有足够数量的农业科研创新，进而实现关键农业生产技术的突破，从而提高重庆农业生产效率。

另一方面，研究与试验发展人员是农业技术协同创新与运用的"黏合剂"。相对于其他产业科研创新而言，农业生产技术研发具有较高的复杂性，要求技术创新能够与农业自然再生产及社会再生产的特性紧密结合，这就要求不同农业生产环节科研创新要具有较好的衔接性，而实现有机衔接的关键就在于农业领域的研究与试验发展人员在各个生产过程创新活动的有机结合，只有发挥研究与试验人员分工与协作的创新动能，才能加快农业科技协同创新步伐。

三、农业生产经营效益水平较低，阻碍科技协同创新发展步伐

重庆农业生产经营的效益水平较低，影响农业生产经营者扩大再生产，降低农业技术创新市场需求，阻碍农业科技协同创新发展步伐。图 5-13 的数据统计结果显示，重庆农村居民人均经营性净收入在 2008~2020 年稳步提升，2020 年重庆农村居民人均经营性净收入达到 5 565.7 元，比 2008 年的 2 016.6 元增加了 3 549.1 元，年均增长 273.0 元。从全国平均数据来看，农村居民人均经营性净收入同样在 2008~2020 年呈现上升趋势，2020 年全国农村居民人均经营性净收入达到 6 077.4 元，比 2008 年的 2 435.6 元提高了 3 641.8 元，年均增长 280.1 元。在 2008~2020 年，重庆农村居民人均经营性净收入始终低于全国平均水平，2008 年绝对差为-419.0 元，到 2020 年绝对差变为-511.7 元。

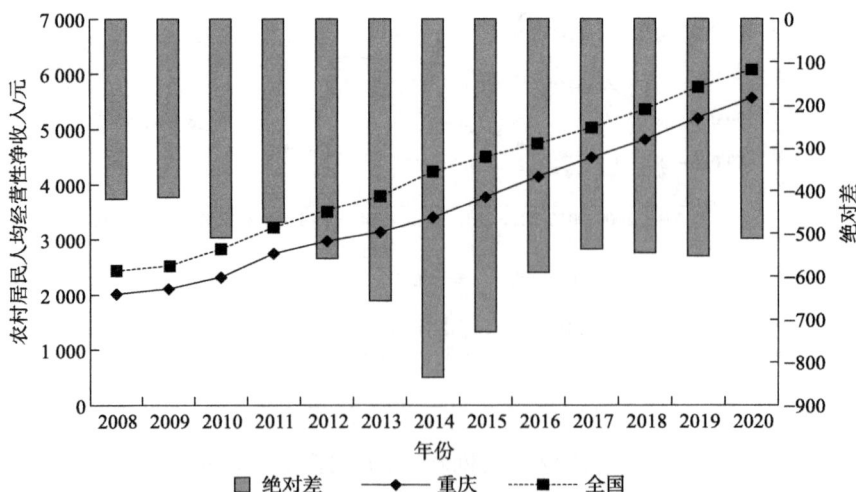

图 5-13   2008~2020 年重庆与全国农村居民人均经营性净收入

资料来源：《中国农村统计年鉴》

总体上看，尽管重庆农村居民人均经营性净收入持续提高，但距离全国平均水平还有一定差距，农业经营效益还处在较低水平，需要增强农业经营效益，确保农业科技协同创新发展。

首先，农业经营效益影响农业科技创新意愿。农民收入来源日趋多元，工资性收入已经取代经营性收入成为农民主要收入来源[13]。在这样的趋势下，以职业农民、家庭农场、合作社为主的新型农业经营主体是促进农业稳定发展的可行路径。无论是何种新型农业经营主体，都要求获取较高的收益水平以激发农民生产积极性。从目前的情况看，重庆农业经营效益水平低于全国平均水平，使得新型农业经营主体生产积极性较低，进而影响其开展农业科技创新活动的意愿，亟待提高农业经营效益以增强其农业科技创新积极性。

其次，农业经营收益水平过低会降低科技创新产品市场需求。农业科技创新活动最终转化成为的农业新技术、新工艺或者新产品，在投入农业领域生产过程中必然要求获得足够的收益回报，换言之，农业经营主体使用科技创新产品需要支付相应的费用。对于农业经营主体而言，只有当其经营收入达到一定水平时，才能产生对农业科技创新产品的市场需求。从这个意义上看，重庆农业经营效益水平较低，会限制农业经营主体对农业科技创新产品的购买力，从而降低科技创新产品市场需求，进而制约农业科技协同创新活动开展。

最后，农业经营效益水平较低不利于科技协同创新推广。农业科技协同创新根本目的在于提高农业经营效益水平，提高农业生产经营者利润报酬。高经营效益有利于宣传和推广农业科技协同创新的积极作用，若经营效益水平较低，则难以形成农业科技协同创新的示范效应。因此，重庆农业经营效益处于较低水平，可能影响农业科技协同创新的推广，进而制约科技协同创新活动开展，亟待扭转这一不利局面。

四、农业机械化的发展程度不高，限制科技协同创新效果发挥

重庆农业机械化的发展程度不高，限制了科技协同创新活动在农业生产过程中起到的积极作用，降低了农业科技协同创新活动的效用，不利于农业科技协同创新发展。图 5-14 的结果显示，在 2008~2020 年，重庆农业机械动力占全国的比例不断提高，2020 年达到 1.42%，比 2008 年的 1.10%提高了 0.32 个百分点。从重庆农作物播种面积占全国的比例来看，2008~2020 年维持在 1.97%~2.05%。结合上述两组数据可知，重庆农业机械动力占全国的比例始终低于其农作物播种面积占全国的比例，农业机械化水平并未达到其生产应有的份额。有利的一点是，重庆农业机械动力占全国的比例逐渐接近其农作物播种面积占全国的比例，农业机

械份额占有逐渐靠近生产规模占比。

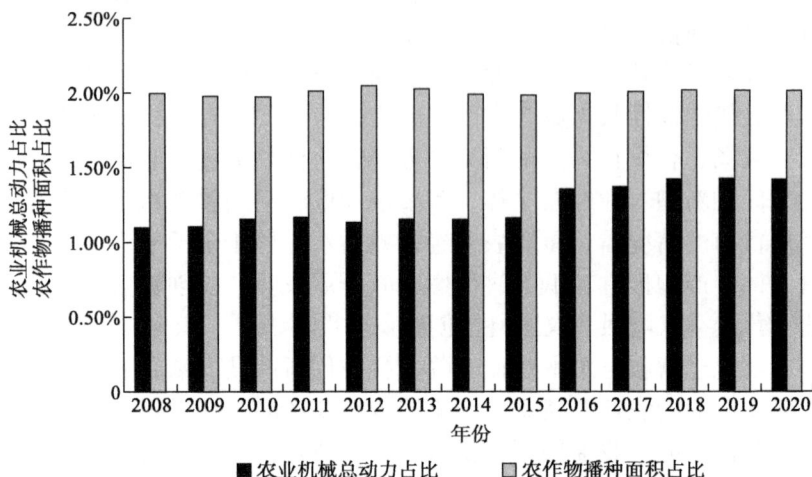

图 5-14　2008~2020 年重庆农业机械总动力占比与农作物播种面积占比
资料来源：国家统计局数据库

　　总体上看，虽然重庆农业机械化水平不断提高，占全国的机械动力比重有所提高，但始终低于其农作物播种面积占比，机械动力与生产规模不匹配，表明农业机械化程度不高，限制了农业科技协同创新活动在农业生产中的作用发挥。

　　首先，农业机械化程度较低增加农机推广运用难度。已有农业机械使用经验的农业生产经营者在农机采用意愿、农机使用条件和农机运用效率等方面都优于缺乏农机使用经验的农业经营主体。农业机械化程度越高的地区推广和使用新型农业机械的难度就越低，越有更多农业经营主体选择机械装备创新产品。就重庆而言，农业机械化程度较低使得较多农业经营主体缺少农业机械运用经验，会对新的农业机械创新产品推广造成一定阻碍，不利于农业机械装备的协同创新活动开展。

　　其次，农业机械化程度影响技术创新的适用性。农业科技创新产生的新工艺、新技术部分需要依靠机械辅助作用于农业生产活动。与农业机械运用相匹配的技术创新在农业生产实践活动中产生的效益更大，若农业科技创新与机械使用相分离，可能影响农业新技术的使用，不利于提高农业生产效率。在重庆农业机械化程度不高的背景下，农业科技协同创新活动研发的新技术和新手段在农业实践运用中面临更多阻碍，农业技术创新的适用性较低，影响农业科技协同创新积极作用的发挥。

　　最后，农业机械化水平较低影响农业科技协同创新发展方向。从农业技术进步类型上看，分为土地节约型技术创新与劳动节约型技术创新。前者强调提高土地使用效率，后者强调提高劳动使用效率。农业机械本质上是一种对劳动力的替代，围绕其开展的技术创新属于劳动节约型技术创新。重庆农业机械化水平较低可能会影响农业科技协同创新发展方向更多偏重土地节约型技术进步，从而降低劳动节约型技术创新步伐，导致农业科技协同创新方向上的不协调，不符合农村劳动力向非农产业转移的大背景。

五、农村人口的受教育程度偏低，科技创新人力资本有待提高

重庆农业人口素质低于全国平均水平，亟待强化农村地区人力资本积累，以支撑农业科技协同创新。图 5-15 结果显示，2008~2019 年，重庆农村人口平均受教育年限总体呈上升趋势，2019 年达到 7.80 年/人，比 2008 年的 7.17 年/人提高了 0.63 年/人，年均提高 0.06 年/人。从全国平均水平上看，全国农村人口平均受教育年限在 2019 年达到 8.07 年/人，较 2008 年的 7.48 年/人提高了 0.59 年/人，年均提高 0.05 年/人。2008~2019 年，重庆农村人口平均受教育年限及其年均增长量都低于全国平均水平，绝对差总体呈现先扩大后缩小的趋势，2008 年重庆与全国平均水平差距为-0.32 年/人，2012 年绝对差曾达到-0.59 年/人，2019 年变为-0.27 年/人。

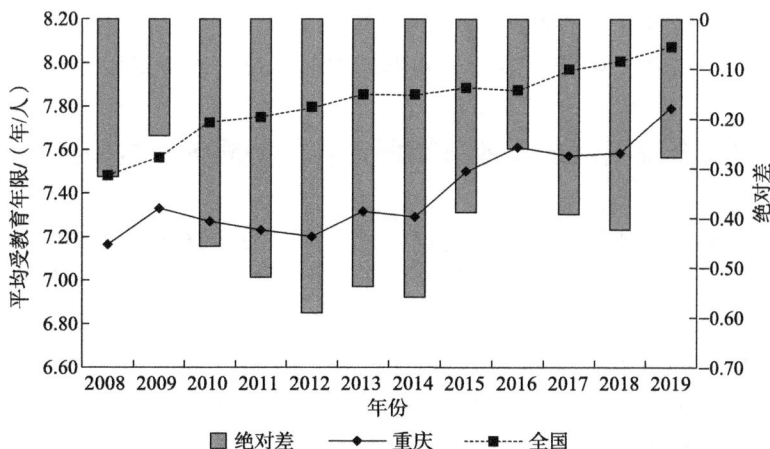

图 5-15　2008~2019 年重庆与全国农村人口平均受教育年限

农村人口平均受教育年限计算方法是以农村 6 岁及以上人口中未上过学、小学、初中、高中、大专及以上人数占 6 岁及以上人口总数比重，分别乘以 2 年、6 年、9 年、12 年和 16 年，再进行加总计算得到

资料来源：2009~2020 年《中国人口和就业统计年鉴》

总体上看，尽管重庆农村人口平均受教育水平不断提高，但是与全国平均水平相比，仍然具有一定的差距，表明重庆农业人口素质还处于较低水平，难以支撑农业科技协同创新发展，亟须提高农业人口素质。

首先，农业人口素质影响科技创新水平。人力资本是推动技术进步的主要动力，鉴于农业生产的特性，农业技术创新除需要具备相应的技术研发能力外，还需要对当地农业生产条件有充分的了解，才能因地制宜创新符合农作物生产要求的生产及加工技术。具有高等教育背景的新型职业农民更能将现代科技与传统农业技术相结合，创造适宜重庆农业生产条件的农业新技术，这对于农业科技协同创新来说十分重要。

其次，农业人口素质影响技术运用与推广。虽然农业新技术能够极大地提高农业生产效率，但在使用过程中却也面临较高门槛，只有具备一定能力的农民才可以发挥农业新技术的最大效用。同时，运用农业新技术本身也是一种风险活动，只有较高素质的农民才更愿意尝试新的农业生产技术。因此，农业科技协同创新需要依靠以新型职业农民为代表的高素质农业人口，实现农业新技术运用与推广，激发科技协同创新动力。

最后，农业人口素质影响科技创新主体比较优势的发挥。从事农业生产经营活动的农民作为农业科技创新转化成果的使用者，是农业科技协同创新的纽带，在联系政府、科研机构、企业的过程中发挥着重要作用。重庆农业人口素质一定程度上决定了各个农业科技创新主体作用的发挥，促使各个主体发挥自身比较优势，协同创新符合重庆农业生产特性的新技术和新方法，因而有必要提高农业人口素质，有效衔接各个创新主体，共同推动农业科技协同创新发展。

六、农业资源禀赋配置效率较低，科技协同创新链衔接性较差

重庆农业资源禀赋较好，但配置效率较低。如图 5-16 所示，2008~2020 年，重庆有效灌溉面积占全国的比例总体有所下降，由 2008 年的 1.13%降至 2020 年的 1.01%，降幅为 10.62%，年均降幅 0.88%；而重庆水资源占比呈现波动趋势，最高值为 2020 年的 2.43%，最低值为 2010 年的 1.50%。可以看出，2008~2020 年，重庆水资源占比为 1.5%~2.5%，但有效灌溉面积占全国的比例仅维持在 1%左右，农业资源配置偏离了理想生产条件。

首先，农业资源配置效率影响着农业科技协同创新的发展水平。从投入来看，农业资源配置效率决定了农业科技投入的数量，是农业科技创新发展的基本条件；从产出来看，优化农业资源配置的目的是提升农业经济发展水平，农业现

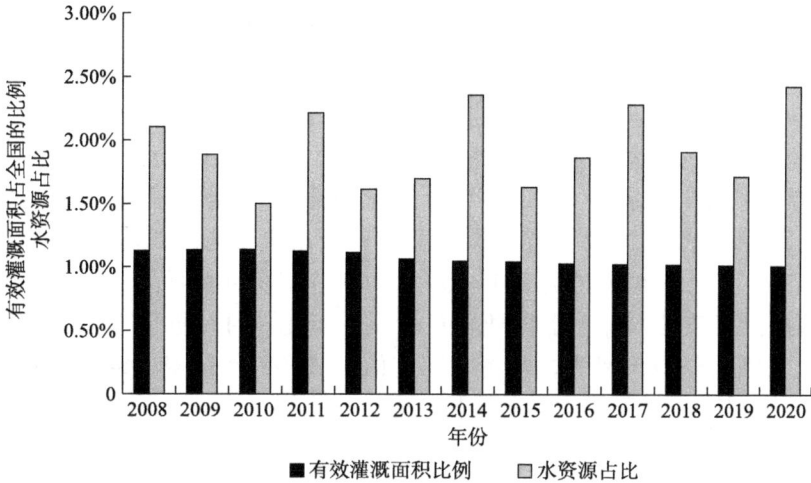

图 5-16　2008~2020 年重庆有效灌溉面积占全国的比例及水资源占比

资料来源：2009~2021 年《中国农村统计年鉴》

代化需要通过合理的资源配置来促进农业科技资源的产出[14]。然而，由于重庆地形地貌切割、地块细碎分散，农业资源配置很难达到理想状态，且无法集聚更优质的科研人才、资金和技术，其农业科技创新主体之间衔接性较差，亟待寻求面向农业资源配置方式变革的适宜模式和技术。

其次，农业资源配置效率影响了产业经济空间布局。一方面，农业资源配置可以随时调整农业经济结构，使经济要素按照效率原则重组，产业供求关系更加平衡；另一方面，农业资源流动趋向于区位条件更优、配置效率更高的地区，区域条件的变化会使资源流动的方向发生改变。因此，农业资源要素的合理流动为农业产业经济空间布局创造了良好的条件。在重庆农业资源配置过程中，政府和市场没有形成完备的资源分配机制，进一步扩大了农业资源配置的偏差，大大降低了农业资源配置效率，阻碍了产业经济空间优化。

最后，农业资源配置效率关系到农业现代化进程。农业科技资源配置方式直接影响着区域创新活力和国际竞争力，也可以通过技术创新间接影响农业科技生产率。推动农业农村现代化需要实现资源配置从直接到间接的转变，这一过程也有利于拓展现代农业发展空间。重庆是传统意义上的山地丘陵地区，有着农业劳动强度大、作业效率低等特征，改造传统产业、推进农业高质量发展更需要来自集约化、规模化创新型农业资源配置方式的转变。

七、农村国际合作空间差异明显，制约农业科技创新要素流动

2008~2020 年，重庆外商直接投资总体趋于稳定，小范围内有所波动，其中，2011 年投资达最大，为 58.26 亿美元；而 2020 年为最低值，为 21.01 亿美元（图 5-17）。从全国来看，2008~2020 年全国外商直接投资呈现先波动增加后缓慢增加的趋势，2008~2012 年全国外商直接投资出现小范围波动，最小值为 2009 年的 900.33 亿美元，最大值为 2011 年的 1 160.11 亿美元；而后 2012~2020 年，全国外商直接投资波动增加，但增速相对缓慢。与此同时，重庆与全国外商直接投资的绝对差也呈现增长趋势，两者之间差值由 2008 年的−899.43 亿美元扩大至 2020 年的−1 422.68 亿美元，年均增长 3.9%。

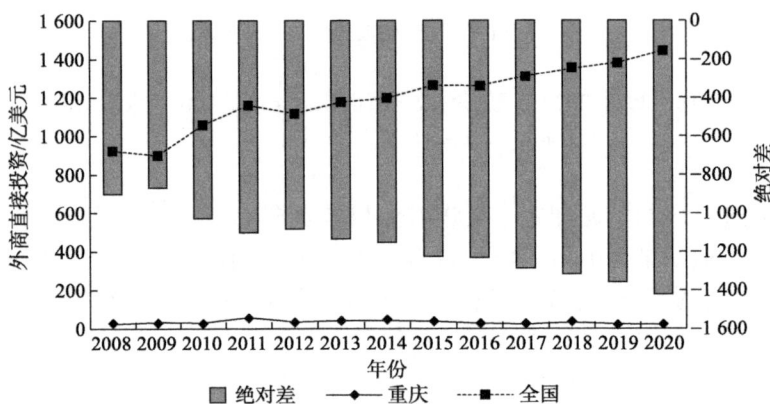

图 5-17　2008~2020 年重庆与全国外商直接投资

资料来源：国家统计局数据库

总体上看，重庆外商直接投资变化幅度小于全国水平，全国外商直接投资呈上涨趋势，两者之间差值逐渐拉大，说明了重庆农业国际合作程度严重不足，需要进一步扩大对外开放。

一方面，对外开放程度较低不利于农业外向型科技发展。研究表明，农产品对外开放程度对农业农村现代化有明显的促进作用，农产品的国际竞争力越高，越能占有更多的农业市场份额。重庆的对外开放度与全国差距逐年拉大，在当前严峻的国际形势下，为了实现国内国际双循环相互促进，相关部门应进一步扩大农业科技协同创新的市场，大力引进外资和技术，推动农业农村发展和农民增收。因此，"十四五"时期，重庆要加快培育农业国际合作和竞争优势，为全面推进乡村振兴提供有力支撑[15]。

另一方面，对外开放程度较低限制了资源的空间溢出效应。农业科技协同创新需要结合外部的创新资源和创新环境，利用国际合作引进的一系列先进技术、

资本投入、管理经验等可以直接作用于农业科技协同创新，也可以通过空间溢出的传导机制间接影响创新环境。从宏观层面来看，重庆凭借经济优势和产业融合促进了农业经济发展；从微观层面来看，重庆构建了一个要素资源双向流动的体制机制，从国内国际两个维度延伸农业产业链。但与此同时，重庆农村的对外开放程度仍然较低，亟须秉持多元化理念加大国际合作。

八、农业科技活动成果转化率低，创新服务推广体系有待加强

专利申请授权量可以较为真实地反映农业科技活动成果，如图 5-18 所示，重庆专利申请授权量呈现为两个阶段的变化特征：2008~2013 年为平稳上升期，重庆的专利申请授权量从 0.48 万件增加到 2.48 万件，年均增长率为 83.33%；2013~2020 年为波动阶段，最高年份为 2020 年的 5.54 万件，最低年份为 2014 年的 2.43 万件。相比之下，全国专利申请授权量屡创新高，总体呈上升趋势，年均增长率为 25.90%，其中，2013~2014 年增长速度相对平缓。2020 年全国专利申请授权量 27.80 万件，是 2008 年的 14 倍以上。从图 5-18 中可以看出，重庆专利申请授权量虽然在不断增加，但与全国专利申请授权量的差值却逐年扩大，2020 年绝对差为-22.26 万件，相比于 2008 年的-1.44 万件扩大了 20.82 万件。

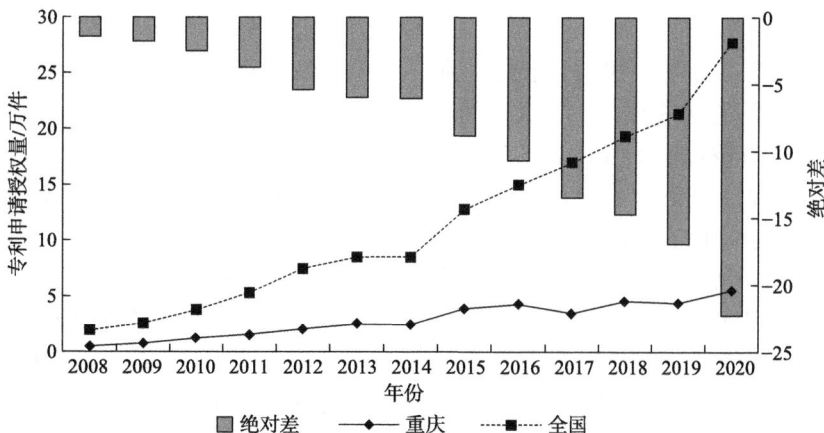

图 5-18　2008~2020 年重庆与全国专利申请授权量

资料来源：ESP 数据库

总体上看，尽管重庆农业科技协同创新成果呈缓慢上升趋势，但与全国农业科技活动成果相比仍有很大差距，农业科技协同创新成果推广和应用体系有待加强。

一方面，科研选题与农业产业需求结合不紧密。我国正处于农业供给侧结构性改革的关键时期，农业科技协同创新要顺应农业产业发展实际。然而，关于农

业科研的立项定题仍由政府及农业部门拟定，只有极少数专家和学者能真实掌握农业发展的需求，导致农业科研选题与现实需求不相匹配，这也在极大程度上造成了资源的浪费。目前，重庆企业、高校、科研机构针对农业科技协同创新的研究往往会出现交叉重复的现象，各个创新主体间形成了资源的竞争关系，使重庆农业科技贡献率与成果转化率均处于较低水平。

另一方面，农业科技成果转化服务平台发展滞后。农业科技协同创新离不开成果孵化和交易平台，专业化的农业科技成果转化服务能力为创新成果的推广和应用提供基本保障[16]。然而，我国农业科技成果转化服务平台建设严重滞后，存在运行不畅、宣传不足等问题，导致创新主体间缺乏有效的信息沟通。就重庆而言，农村科技协同创新交流平台尚未完善，农业科技成果不能及时应用到农业生产中，基于创新服务的农业科技推广体系还处于待发展状态[17]，使得市场对农业科技协同创新成果的需求无法得到有效满足。

第四节　重庆农业科技协同创新存在的问题

一、缺乏顶层设计，未形成优势特色农业品牌集群协同创新机制

重庆农产品品牌化建设与农业产业化的快速发展还不相适应，习惯采用传统产品品牌培育的相关模式，忽略各地农产品主体特点和众多产品形成的资源禀赋[18]，品牌效益优势不强，农产品品牌同质性、分散性现象严重，同一区域同一品牌比比皆是，缺乏顶层设计，并未形成优势特色农业品牌集群协同创新机制，往往导致当地特色农业品牌产权主体定位模糊不清，如荣昌粉条、卤白鹅、铺盖面等，这些特色农产品绝大多数处于产业链底端，经营模式粗放，直接导致了市场上假冒、以次充好等违反市场原则的行为层出不穷，部分企业为了眼前的蝇头小利而牺牲整个农业品牌的利益。此外，对于已经初步形成一定规模的优势特色农业品牌，如潼南柠檬、忠县柑橘、石柱辣椒等，还大多局限于本区域内的产业发展与产业链的构建与集群，也并未充分发挥优势特色农业品牌产业主导和带动作用，未形成整合重庆市内外乃至国内外的优势特色农业品牌集群协同创新机制。

二、企业与高校技术供求信息不对称，协同创新合作信息平台亟待构建

以产业化为导向，农业龙头企业通过与政府、高校及科研院所等多主体共同

合作，在很大程度上节约了企业的运行成本，提高了企业的生产效率。但是企业与高校及研究机构的技术供求信息不对称，导致企业真正的技术诉求无法得到有效满足，而科研院所的科技成果由于缺乏实际应用，使得农业技术研究与市场需求存在严重脱节现象，协同创新合作信息平台亟待构建。例如，潼南柠檬产业在幼果套袋、树枝修剪、摘果等环节仍然需要人工来完成，在很大程度上造成了成本的增加；涪陵榨菜产业的产加销全产业链中的修剪去筋工序仍然需要传统人工完成；在石柱莼菜产业，莼菜的采摘环节仍然需要人工完成，并且对水温、水质和水位要求极高，在很大程度上限制了莼菜的生产规模；荣昌生猪产业由于同质化竞争严重，在精深产品加工方面同样存在明显的短板，其核心生产技术瓶颈亟待寻求与科研院所合作来解决，从而节约企业运行成本，提高企业生产效率。

三、农业发展资金支持分散且力度不够，农业企业缺乏持续增长力

农业企业行业性质的特殊性，导致其经营风险大、经营时间长和成果见效慢，国家、市级政策层面虽然对农业领域大力倾斜，农业企业在一定程度上能够获得部分补贴，但是支持时间较短、数额较小且分散，同时各区县由于经济下行，地方财政对于农业企业扶持力度不够。

具体表现为，很多农业科技企业，一是得到政府扶持的力度一般在 2~3 年，但是企业的发展本身需要沉淀和积累，2~3 年企业一般从探索期到发展阶段，处于上升期，这个时候本身的积累并不丰富，需要助力，而现有的扶持政策往往在这个阶段转移了重心，使许多本来可以很优质的企业，处于一个尴尬阶段，上差一个助力，退又不舍，这样坚持一段时间就变成进退两难；二是国家、市级政策层面虽然对农业领域大力倾斜，农业企业在一定程度上能够获得部分补贴，但是支持时间较短且数额较小，往往来自多个部门的不同时期的经费支持，没有形成合力，降低了专项资金的使用效率。例如，2002 年与荣昌包黑子食品有限公司一同被评为重庆市农业产业化龙头企业称号的企业，没有几家顺利存活下来，这与农业发展资金的支持力度不够和缺乏持续性有重要关系。

四、技术创新与收益未有效结合，"一线"农业科研人员积极性不高

区县农业科技人员由于属于事业单位性质，其技术创新与收益并未有效结合，使得科研人员收益偏低，严重妨碍了科研人员积极性，导致了农业科研部门优秀人才流失且队伍老化，在一些重要学科中青年创新型人才缺乏，制约了农业科技创新。

例如，在石柱农业科研人才队伍中，专注研发的研究生学历人员不足 5 人，占比不足 2%，博士人数 0 人，本土农业科技研发人才严重不足。科研院所中的农业科研的公益性与财政投入机制矛盾突出，如黔东南农业科学院属于公益一类事业单位，员工工资福利实现了全额预算，但是在条件建设、科技研发和成果转化经费方面却是差额拨款，经费缺口较大，甚至出现了科研院所中依靠一两名科研人员获得的课题经费来支持全院科研建设的情况。另外科研人员的权责不清，目前相关政策禁止科研人员私自外出指导相关业务，在未分清科研人员哪些是属于公益服务的本职工作，哪些是属于市场效益服务工作前提下，采取"一刀切"政策，干与不干一个样，而且往往"多干"带来的不是收益而是更多的"麻烦"，技术创新与收益未有效结合，导致"一线"农业科研人员积极性不高。

五、农业服务中心人员混岗问题严重，导致"最后一公里"农业技术推广不力

我国基层农业科技人员被誉为农业政策宣传员、农业技术服务员、结构调整设计员、农业信息传播员、产品市场营销员。在促进农业技术的推广、发展农村经济中起着至关重要的作用，但调研中发现基层农业科技人员的合法权益没有得到有效保护，侵害基层农业科技人员合法权益的行为和事件不断出现，严重挫伤了基层农业科技人员的积极性，影响了农业科技人才队伍的稳定，导致农业技术推广不力，威胁着农业现代化建设。

例如，区县农业服务中心工作人员的主要职责是宣传涉农法规、编制农业技术推广计划、引进农业新技术和加强田间技术指导，做好产前、产中和产后服务，其中向农民推广农业技术是中心任务。然而，由于区县乡镇农技推广部门实行的是"以块为主，以条为辅"的双重管理体制，即"三权"归乡镇街道管理，业务上接受区农业农村委的指导，人权、事权分离的管理模式，造成区县各农业服务中心人员混岗问题，部分农技人员特别是懂专业、会干事的技术骨干，往往会因各类临时性事务，随时随地被调配和挪用到其他岗位，即使在岗的也要承担包村工作，工作与职位双重错位，导致农业技术推广工作行政化、例行化、表面化，严重影响了基层农技推广工作的有效开展和实际效果。也正因为长期以来，对农业服务中心人员混岗问题的忽视和不重视，也间接导致基层农业服务中心吸引不来优秀人才，如潼南区全区 54 个农技推广单位总编制数 1 021 人，一方面专业分布严重不均且老龄化严重，从事于种植业和畜牧业占到 95%以上，以在编畜牧人员为例，40 岁以上占 84%，另一方面高层次人才稀缺，整体受教育程度不高，镇街农技人员高级职称人数仅占 0.68%，既懂技术、懂科研，又懂市场、懂

管理的复合型人才匮乏[19]。

六、国家与地方政策衔接度不够，降低了农业科技协同创新效率

通过对比 2016~2019 年国家与重庆发布的关于科技创新相关政策，我们发现，国家与市级层面都出台了相关政策，但区县政策不明确，对接重庆市和国家相关政策不及时，从而降低了农业科技协同创新效率和水平。

例如，国家颁布的《中共教育部党组关于抓好赋予科研管理更大自主权有关文件贯彻落实工作的通知》（教党函〔2019〕37 号）、《国务院办公厅关于抓好赋予科研机构和人员更大自主权有关文件贯彻落实工作的通知》（国办发〔2018〕127 号）等文件，表明党中央、国务院在聚焦完善科研管理、提升科研绩效、推进成果转化、优化分配机制等方面做了一系列努力[20, 21]，但在有关政策落实过程中，有的部门、地方及科研单位没有及时修订本部门、本地方和本单位的科研管理相关制度规定，仍然按照老办法来操作，这些问题严重影响了科研人员的积极性与主动性。重庆市政府颁发的《重庆市人民政府办公厅关于抓好赋予科研机构和人员更大自主权有关文件贯彻落实工作的通知》（渝府办发〔2019〕20 号），指出要完善政策落实科研配套制度和具体实施办法，但是区县政府却并没有推行相关政策，即使在政策大环境允许情况下，农业科技人员也只能以公益性服务性质参与农业指导，而不能获取合理报酬。另外，由于不同部门具有不同职责目标，相关政策之间存在一定制约。例如，土地政策，潼南柠檬生产基地由于租用土地性质，严格来说只能种蔬菜而不能种果树，但作为潼南的支柱型农业产业需要栽种大量果树，这在很大程度上限制了柠檬产业的进一步扩大生产。又如，生态环保政策，潼南区生态渔业健康养殖技术集成试验示范基地，市生态环境局考虑到在使用增氧机之后，农户或企业在一定水域面积内饲养鱼的数量增加，给水环境带来严重影响，因此要求各区县强制拆除增氧机。但是该基地已经实现了水自循环，且能够在不污染水资源的前提下使用增氧机扩大鱼的养殖规模，这种情况下拆除增氧机也会使得农业科技创新力度减弱。

七、特色农业品牌文化缺乏，消费市场优势品牌占有率有待提升

农业品牌文化核心是农产品蕴含的价值内涵、文化认知和情感归属，它能够有效提升品牌附加值和产品竞争的原动力。在乡村振兴战略背景下，重庆特色农业品牌亟待进行培育、挖掘和振兴，消费市场品牌占有率有待提升。

例如，荣昌四大名小吃卤白鹅、黄凉粉、铺盖面和猪油泡粑，在当地已经久

负盛名，但是对于品牌化经营和构建仍然还处于起步探索阶段，社会对品牌的认识尚且不成熟，即使是品牌的相关主体也缺乏对品牌无形资产运作重要性和方法的准确定位及理解[22]。目前这些小吃还处于分散经营的局面，始终处于产业链低端和低层次的经营模式，缺少品牌传承的龙头企业载体。石柱莼菜虽然依靠"康养石柱"打造"康养农业+康养工业+康养服务业"一二三产业融合发展之路，但是作为石柱名片，其特色农业品牌对外贸易对接不够，无法有效提高石柱莼菜知名度。通过调研发现，地区特色农业品牌文化缺乏主要是由以下两个方面引起：一是特色农业品牌未与地区文化进行有效结合，荣昌四大名小吃并没有借助本地畜牧种植文化优势，实现产品创新，从而借助文化力量达到拓展市场的目的；二是没有依靠本地支柱农业产品，达成产业集聚效应，协同区域产品主体达到共同的标准，进而获得持续的品牌连锁效应[22]。

八、农业科技创新投融资渠道有限，阻滞农业科技协同创新步伐

农业科技协同创新的特殊性、影响因素的复杂性、准公共产品特性和正外部效应，使得发明创造周期较长、难度较大、充满不确定性，单纯依靠科学技术和市场经济调节等因素不足以提供有效的创新支持环境，往往由于合作动机、目标的差异及冲突，合作关系处于不稳定状态甚至面临解体的危险，市场低效和市场失灵现象的同时存在，而且农业生产经营的自然和市场双重属性，生产产业链较长，同时易受到自然环境、市场需求和价格波动等因素的影响，同时还缺乏有效的抵押物，使得当前除了政府部门以外的很多投资主体都不愿意向农业企业进行融资。从调研情况来看，忠县、荣昌等区县均反映资金投入不足已成为制约农业科技创新的重要瓶颈，亟待构建农业科技协同创新投融保障体系，加快农业科技协同创新步伐。

第五节　乡村振兴战略下重庆农业科技协同创新的典型实践

一、农业科技协同创新的涪陵实践

（一）涪陵农业经济发展情况

涪陵地处重庆中部、三峡库区腹地，位于长江、乌江交汇处。涪陵下辖27个

乡镇街道，303 个建制村，其中 25 个乡镇涉及农业。全区乡村人口 63.75 万人，劳动力 58 万人，现有耕地面积 151.5 万亩，林地面积 210.2 万亩，森林覆盖率 45.2%，园地 8 万亩，内陆水域面积 31.4 万亩[①]。全区农业总产值常年处于全市前列，2018 年全区实现农业总产值 96.67 亿元，并获批创建"重庆涪陵国家农业科技园区""涪陵国家现代农业产业园""全国绿色食品原料（青菜头）标准化生产基地"[②]。

通过推进"四化"家庭农场创建、"三社"融合发展、扶持龙头企业发展壮大等工作，不断提升全区新型农业经营主体综合实力，使之成为"三变"改革的重要载体和平台。2021 年，涪陵累计培育农民合作社 1 195 个，发展家庭农场 1 289 家，"三变"改革试点扩大到 87 个村、占全区涉农村（社区）的 24%。累计培育区级以上农业重点龙头企业 63 家，其中市级 32 家、国家级 5 家；累计培育农产品加工规上重点企业 82 户，全区农产品加工总产值达 349.94 亿元，位居全市第二；创建全国乡村旅游重点村 1 个、全国休闲农业和乡村旅游示范点 2 个，接待乡村旅游游客超 1 200 万人次[23]。累计建成村级电商服务站点 352 个，益农信息社实现建制村全覆盖，建制村物流配送覆盖率达 100%，发展电商平台 9 户、网商 1 466 家，2021 年农产品网络零售额 4.48 亿元[③]。

加大特色农业产业体系建设，推动农业品牌发展。2020 年，涪陵青菜头种植面积 72.58 万亩、产量 160 万吨，榨菜产业总产值达 102 亿元，蔬菜产量近 230 万吨（包括青菜头），年产茧 6 万担，蚕桑产业综合产值破亿元；中药材基地达到 5.6 万亩，大顺中药特色小镇和 5 000 亩中药材农业公园正在加快建设；涪陵黑猪、渝东黑山羊和增福土鸡等畜禽产品在全市具有较高知名度，年出栏生猪 68 万头、牛羊 12 万头（只）、禽兔 865 万只；柑橘、水产品、烤烟年产量分别达 13 万吨、2 万吨、2 万担，并建立茶叶、笋用竹基地 1.3 万亩、4 万亩。累计争创中国驰名商标 7 件、国家地理标志证明商标 12 件、中华老字号 1 枚、涉农著名商标 23 件、重庆市名牌农产品 7 个、有效期内"三品一标"认证 166 个[24]。

着力构建农业科技创新平台，助推新品研发与种养殖试验示范。一方面，涪陵在现有综合性农业科研机构重庆市渝东南农业科学院的基础上，先后建立了南方芥菜品种改良与栽培技术国家工程实验室、国家榨菜加工技术研发专业中心、国家蔬菜改良中心涪陵榨菜研究中心、重庆市榨菜工程实验室、重庆市芥菜工程技术研究中心、重庆市水稻抗稻瘟病育种工程技术中心、国家特色蔬菜产业技术体系重庆渝东南综合试验站、国家麻类产业技术体系涪陵苎麻试验站、重庆市榨

---

① 资料来源：重庆市涪陵区人民政府，http://www.fl.gov.cn/。

② 资料来源：《重庆市涪陵区 2018 国民经济和社会发展统计公报》。

③ 资料来源：重庆市涪陵区人民政府，http://www.fl.gov.cn/zwxx_206/ztzl/jytabl/zxwytadfh/202207/t20220713_10915572_wap.html。

菜产业技术创新团队、重庆市稻瘟病抗性鉴定基地10个农业科技创新平台，以及国家级博士后科研工作站、市级专家服务基地和"圆梦园"市级众创空间。另一方面，大力组织实施农业科研项目，重点支持水稻、玉米、茎瘤芥（榨菜）、胭脂萝卜、盆周山地猪、涪陵香桃、白花前胡、紫苏等品种培育，推进榨菜风脱水工艺创新、胭脂萝卜精深加工、竹笋加工新产品等农产品加工新技术、新工艺、新产品的开发与利用，引进三红蜜柚、"中黄一号"茶、美国薄壳山核桃、法系伊拉配套系种兔，以及牧草、蓝莓、葡萄、绣球属花卉品种等动植物品种，开展种植及养殖试验示范。

（二）具体实践

涪陵以"大型上市龙头农业企业"为载体、以改良本土特色农业产业及配套技术为主攻方向的农业科技协同创新实践。

该实践以改良本土特色农业产业及配套技术为主攻方向，以"大型上市龙头农业企业"为载体，以政策为引导，以产、学、研合作为纽带，整合企业内部及行业优势科技资源形成协同创新体系，通过引进、消化、再创新、集成创新或原始创新的方式，建立"契约式、联合研发、风险共担、成果共享"的农业科技协同创新运行机制[25]。

涪陵依托榨菜集团、太极集团两大上市龙头农业企业，形成以榨菜、中药材两大百亿级产业链为牵引的"2+X"山地特色高效农业产业体系。其中榨菜作为涪陵农业"2+X"特色农业产业体系中的2个主导产业之一，全区共有榨菜生产企业37家，其中榨菜重点龙头企业24家（国家级2家、市级17家、区级5家），建成绿色青菜头种植基地72.5万亩，总产量达到160万吨，榨菜产业总产值达102亿元，已形成了青菜头品种选育、种植、加工、精深加工、附产物开发、产品销售、种植加工技术创新等产加销和工贸于一体的全产业链。

涪陵以国家榨菜加工技术研发专业中心、国家蔬菜改良中心涪陵榨菜研究中心2个国家级科研平台，以及南方芥菜品种改良与栽培技术国家工程实验室、重庆市榨菜工程实验室、重庆市芥菜工程技术研究中心等榨菜方面各级各类科技创新平台为依托，加大与重庆大学、西南大学、长江师范学院、重庆市渝东南农业科学院、江南大学、中国科学院上海高等研究院、四川省食品发酵工业研究设计院、中国船舶重工集团公司第七二二研究所、广东轻纺设计院等高等院校、科研院所的农业科技合作。一是在新品种研发及应用方面，自主育成芥菜类品种3个，其中，"渝芥优2号"的成功育成，标志着我国宽柄芥杂种优势利用育种实现重大突破；"青晚1号"解决了重庆市晚熟茎瘤芥生产长期无抗病、青菜头产量较低等品种问题。二是在品种推广方面，"涪杂2号""涪杂5号""涪杂8号"青菜头杂交品种覆盖30万亩，并成功实现早市鲜食青菜头和青菜头两季生产。此外，"榨菜杂交种涪杂 2 号选育及高效安全栽培技术集成与推广应用"荣获全国农牧渔业丰收奖科技成果奖二等奖。三是在青菜头种植新技术研发及应用方面，开展了榨菜优质原料丰产优质无公害栽培技术优化；榨菜机械直播、机械移栽和一次性施肥技术；青菜头根肿病安全防控技术；茎瘤芥病毒病及蚜虫安全控制技术等技术攻关，创新形成榨菜"六改"栽培技术、鲜榨菜及两季榨菜以直播为核心的轻简化栽培技术、榨菜无公害规范化生产技术、榨菜根肿病防治技术等技术措施。其中，青菜头根肿病、病毒病（含蚜虫）安全防控技术示范使青菜头根肿病相对防治效果达 70%以上，青菜头产量比对照组平均增产 45%，田间病毒病平均相对防治效果达 56.7%，并制定了 3 个病毒防控重庆市地方行业技术标准。四是在轮种套种模式方面，推行了"青菜头-水稻""青菜头-玉米""青菜头-经果""青菜头-蚕桑"等轮种套种模式，实现了涪陵榨菜原料生产的绿色无公害。五是在榨菜加工技术研发及应用方面，在原料加工、修剪看筋、淘洗切分、脱盐脱水、计量包装、杀菌装箱等各生产环节，开展机械化、自动化、智能化技术研发和推广应用，用智能技术生产高质量的榨菜产品，满足高品质生活的需要。六是在榨菜盐水处理方面，开展了榨菜腌制液保存与利用工艺研究与应用，全面推行榨菜盐水机械蒸汽再压缩（mechanical vapor recompression）处理及回用处理技术，确保榨菜盐水 100%处理达标排放。

通过大力开展农业科技协同创新，涪陵榨菜特色产业及配套技术不断改良升级，形成品牌效应，取得系列成果，其中，涪陵榨菜传统制作技艺已入选第二批国家级、第五批重庆市非物质文化遗产名录；"涪陵榨菜""涪陵青菜头"区域公用品牌价值分别达 147.32 亿元、24.38 亿元，分列全国第 2 位、第 68 位；"涪陵青菜头"被重庆市品牌学会评定为全市蔬菜"第一品牌"；"涪陵榨菜"地理标志商标获 2019 中华品牌商标博览会金奖。

二、农业科技协同创新的忠县实践

（一）忠县农业经济发展情况

忠县位于重庆中部、三峡库区腹心，辖区面积 2 187 平方千米，辖 4 个街道、19 个镇、6 个乡、372 个村（社区），户籍人口 95.29 万，常住人口 71.53 万。拥有森林 170.5 万亩、湿地 19.48 万亩，森林覆盖率 52%[①]。2017 年成功争取到国家首批田园综合体试点项目，先后被评为国家首批农村一二三产业融合发展试点示范县、国家级出口食品农产品质量安全示范区、国家农业标准化示范区、国家现

---

① 资料来源：忠县人民政府，http://www.zhongxian.gov.cn/zxfz/zxjbxq/202303/t20230303_11704874.html。

代农业示范区、国家农业科技园区、国家农产品主产县、国家产粮大县、全国农业（柑橘）标准化示范县。2018 年，全县实现农林牧渔总产值 62.57 亿元、比上年增长 8.7%；增加值 41.89 亿元、比上年增长 5.4%；农村居民人均可支配收入 14 588 元、比上年增长 9.7%[①]。

一是"十三五"期间，全县累计培育各类新型农业经营主体 4 295 个，家庭农场 1 000 户，农民合作社 750 家，高素质农民 6 150 人；二是构建教育培训、规范管理、政策扶持"三位一体"，生产经营型、专业技能型、专业服务型"三类协同"，初级、中级、高级"三级贯通"的培育机制；三是"十三五"期间，全县粮食播种面积稳定在 112 万亩左右，粮食年产量稳定在 40 万吨左右；蔬菜种植面积约 22 万亩，年产量 35 万吨；年出栏生猪 54 万头；四是围绕农田变景观、产品变礼品，打造以天子山城郊休闲、三峡橘海、中国柑橘城、橘乡荷海、巴曼竹韵、金色杨柳、红豆森林等为代表的乡村休闲观光旅游农业景点，并逐步向生产加工销售、农耕文化展示、田园观光采摘、农业科普教育一体化发展，逐渐形成"三产"带"一产"促"二产"的一二三产业融合发展模式[②]。

实施"103050"工程，大力发展柑橘、笋竹、生猪、生态水产等特色产业。一是柑橘产业，种植面积 35.2 万亩（其中鲜食品种面积已达 18 万亩），产量 31 万吨，产值 29 亿元，加工企业有 6 家（橙汁加工企业 3 家，皮渣副产物加工企业 3 家），橙汁加工能力 35 万吨，皮渣深加工处理能力 5 万吨，贮藏保鲜能力 2 万吨；二是笋竹产业，竹林总面积 17.5 万亩，培育竹产品加工企业 6 家，主要从事环保型餐具餐盒生产，鲜笋、竹笋加工及商品化处理等；三是生猪产业，忠县为"全国无规定动物疫病示范区"和"全国生猪调出大县"，引进华西希望集团在忠县实施 50 万头生猪产业一体化项目，建设种猪场、饲料厂、育肥场、有机肥厂、屠宰及肉食品加工厂，形成完整产业链，建成三峡库区畜牧循环示范基地；四是生态水产，三峡水域牧场拓展至 4.5 万亩，稻田综合种养发展到 0.8 万亩，塘库生态水产面积 6.6 万亩，全县水产品产量达 1.4 万吨；五是其他特色产业，中药材面积 2.5 万亩，蔬菜面积 19.1 万亩，茶叶 1.2 万亩，花椒 2.5 万亩，优质桃李 1.6 万亩，红豆杉 2.1 万亩[26]。

政府和企业双重农业科技投入，推动农业品牌体系建设。2020 年忠县财政年投入科技项目费 150 万元，其中每年安排农业项目 6~10 项，农业项目经费 30 万~50 万元。有农业科技型企业 72 个，产值 78 402 万元，农业企业研发经费投入 5 947 万元。构建以"忠橙""忠州橙汁""乡土忠州"三个区域公用品牌为引

---

① 资料来源：《2018 年忠县国民经济和社会发展统计公报》。

② 新农民新产业新农村，乡村振兴开新篇. http://www.zhongxian.gov.cn/sy_156/zxyw/202101/t20210107_8743140.html，2021-01-07.

领、以农业品牌为支撑、以"三品一标"为基础的农业品牌体系，做优做强"派森佰""忠州豆腐乳""乌杨白酒"等知名品牌。截至 2020 年累计获得无公害农产品产地认定 52 个、无公害农产品认证 109 个、绿色食品认证 53 个、有机农产品认证 6 个、名牌农产品认证 31 个，获得国家级农业品牌 6 个、市级农业品牌 28 个、全国名特优新目录产品 1 个[26]。

（二）具体实践

忠县以"数字农业示范县工程"为载体，以柑橘技术及产业大数据智能化为主攻方向的农业科技协同创新实践。

该实践发挥政府引导功能和企业主体作用，以"互联网+农业"为战略理念，以高校和科研机构为骨干，产学研相结合，整合科研高校及研究机构专家、涉农企业、农业合作社、种养大户、农民等农业创新优势资源，实现柑橘产业"数字产业化、产业数字化"，形成农业全价值链、全产业链、全生态链的农业科技协同创新体系。

忠县是全国柑橘产业发展适宜的生态区域之一，其国家农业产业化龙头企业重庆三峡建设集团有限公司自 1995 年开始，在长江三峡库区从事柑橘产业化项目开发，与中国农业科学院柑桔研究所、西南大学、重庆工商大学、重庆市畜牧科学院、重庆市果树研究所等科研单位合作，通过搭建创新平台围绕柑橘技术及产业大数据实现智能化协同创新，启动柑橘产业国际协同创新中心建设，打造立足重庆面向全国的全方位柑橘技术协同创新输出平台，实现柑橘产业"数字产业化、产业数字化"，2020 年建成了 35 万亩标准果园基地、1 000 亩数字化果园、数字化原料仓库和橙汁加工厂智能管理系统，启动智慧橘园生产关键技术与装备研发、智慧柑橘示范园、智慧柑橘大数据云系统构建与运用等数字化项目，不断夯实柑橘产业智能化基础。

经过多年持续着力培育、发展与壮大，截至 2023 年，已拥有加工期长达七个月的早、中、晚熟配套的优质柑橘加工原料基地，以及占地 200 亩的世界一流的大型现代化柑橘脱毒容器育苗工厂，年育苗能力 275 万株，为全球最大、标准化程度最高的柑橘脱毒容器育苗基地，是国家发展和改革委员会、农业农村部及重庆定点育苗单位，同时还拥有亚洲最大的鲜冷橙汁加工基地，实现了"从一粒种子到一杯橙汁到副产物高质化利用"，形成农业全价值链、全产业链、全生态链的一二三产业融合发展[27]。

三、农业科技协同创新的石柱实践

（一）石柱农业经济发展情况

石柱位于长江上游地区、重庆东部、三峡库区腹心。辖区面积 3 014 平方千米，总人口 55 万，其中以土家族为主的少数民族人口占 79.3%，是"中国黄连之乡""中国辣椒之乡"和中国最大莼菜生产基地，拥有全国十佳生态休闲旅游城市、中国避暑养生休闲旅游最佳目的地、全国绿化模范县、全国绿色小康县等荣誉称号①。2018 年，石柱县实现农林牧渔业总产值 38.06 亿元、比上年增长9.5%，农业产值 27.38 亿元，林业产值 1.95 亿元，牧业产值 6.82 亿元，渔业产值1.48 亿元，农林牧渔服务业产值 0.43 亿元；粮食种植面积 45 011 公顷，比上年减少 1 095 公顷；油料种植面积 3 511 公顷，比上年减少 85 公顷；烟叶种植面积2 160 公顷，比上年减少 181 公顷。2018 年，全年粮食产量 22.17 万吨，夏粮产量6.05 万吨，秋粮产量 16.12 万吨，其中稻谷产量 8.21 万吨、玉米产量 5.40 万吨、薯类产量 7.96 万吨。油料产量 0.64 万吨，烟叶产量 0.39 万吨，蔬菜产量 43.61 万吨。肉类产量 2.56 万吨，其中，猪肉产量 1.74 万吨、牛肉产量 0.41 万吨、羊肉产量 0.11 万吨、禽肉产量 0.30 万吨。生猪存栏 15.39 万头、出栏 23.08 万头。禽蛋产量 0.32 万吨。水产品产量 0.40 万吨②。

坚定不移走"生态优先、绿色发展"之路，大力发展"康养经济"。石柱立足"风情土家·康养石柱"形象定位，大力发展康养产业、打造康养经济、建设"康养石柱"，着力延伸产业链条，辖区内农产品初精加工能力不断增强，打造了集智能化、自动化、精准化于一体的莼菜智慧农业示范基地即食产品加工生产线 2 条，研发出天然"石柱莼"饮料食品、美容护肤、保健养生三大类 28 个产品[6]；建设 5 条辣椒干制生产线，总数达 43 条，全年鲜椒烘炕干制能力达到3.69 万吨；中药材初加工生产线 11 条，年加工能力 2 万吨以上；以黄连为君药的"五黄养阴颗粒"年产达 1 000 万盒[28]。建立"源味石柱"品牌农产品体验馆 1个，"源味石柱"体验馆和微商城入驻农产品企业 20 余家，上架绿色土特农产品200 余种③。

大力建设有机农业示范基地，打造中国特农产品优势区。2018 年建成莼菜、辣椒、黄连、天麻、水稻等有机农业示范基地 36 个，莼菜、天麻、水稻等 13 096

---

① 资料来源：石柱土家族自治县人民政府，http://cqszx.gov.cn/zjsz/。
② 资料来源：《石柱土家族自治县 2018 国民经济和社会发展统计公报》。
③ 增强"造血"功能 带动贫困户持续增收——我县产业扶贫纪实. http://www.zgsz.gov.cn/content/2019-01/22/content_497246.htm，2019-01-22.

亩有机示范基地被中国绿色食品发展中心批准为"全国有机农业示范基地"^①。2021 年，巩固有机农产品和地理标志农产品面积 2.5 万亩，新增"二品一标"农产品 15 个。推动特色农业与乡村旅游、农村电商结合，打造有机绿色农产品，大力发展电商经济和后备箱经济^②。

多层面争取项目资金，加大农业科技研发投入。2021 年，石柱深化农村"三变"改革，发展壮大村集体经济，全县 229 个涉农村（社区）全部实现经营性收入，累计收入 2 536.52 万元，村均收入 11.08 万元。累计培育县级及以上农业龙头企业 72 家、农民专业合作社 982 个、家庭农场 1 025 家。积极拓展农产品销售渠道，培育农产品电商销售额 1 000 万元以上企业 13 家、亿元级企业 2 家^③。

（二）具体实践

石柱以"大力发展康养经济"为载体，以研发解决本土现代山地特色高效农业重大技术障碍为主攻方向的农业科技协同创新实践。

该实践以农民需求和产业发展为中心，在政府的支持下，延伸大学和科研院所社会服务职能，以大学和科研院所为依托，形成政府、大学、科研机构、涉农企业、基层农户有效参与的"大学和研究院所 + 试验示范基地 + 涉农企业 + 行业协会 + 专业合作社 + 农民"的农业科技协同创新体系。

石柱是"中国辣椒之乡"，其辣椒已获得"农产品地理标志"认证。^④石柱是生产辣椒的中国特色农产品优势区，并成功创建了全市首个国家农业综合标准化示范县。石柱 33 个乡镇（街道）、242 个村（居、社区）中，23 个乡镇（街道）、155 个村（居、社区）^⑤。2018 年，全县近 8 万农户种植辣椒，基地面积 30.3 万亩、年产鲜辣椒 29 万吨以上，产业产值 11 亿元以上。培育了以谭妹子为代表的 26 家本地辣椒加工企业，率先在国内实现了辣椒机械化干制加工^⑥。

根据辣椒产业发展需要，石柱依托本土重庆市农业科学院武陵山研究院、重庆市石柱土家族自治县武陵山研究院、武陵山现代农业科技创新园 3 个研究院，

① 石柱：打造"五化"现代农业 产业融合发展为乡村振兴注活力. http://cq.cqnews.net/cqqx/html/2019-04/21/content_50412655.html，2019-04-21.

② 石柱土家族自治县人民政府工作报告. http://cqszx.gov.cn/zwgk_260/zfgzbg/zfgzbg_xzf/202103/t20210324_9030216.html，2021-03-24.

③ 石柱县"三着力"强力助推乡村产业振兴. http://cqszx.gov.cn/bm/xnyncw/zfxxgkml/xczx/zgqk/202112/t20211221_10206989.html，2021-12-21.

④ 重庆石柱：小辣椒点亮脱贫梦. https://www.moa.gov.cn/xw/zwdt/201707/t20170703_5733699.htm，2017-07-03.

⑤ 石柱县第七次全国人口普查公报（第六号）——分乡镇（街道）人口情况. http://cqszx.gov.cn/zwgk_260/gsgg/202106/t20210611_9393461.html，2021-06-11.

⑥ 【创业创新】这里是石柱——重庆市各区县农业特色产业介绍. https://www.cqcb.com/dyh/government/dyh1401/2018-10-26/1186009_pc.html，2018-10-26.

广泛开展科技合作攻关，解决辣椒产业发展中的重大生物技术障碍攻关问题。一是与重庆市农业科学院合作，成立了重庆市农业科学院石柱辣椒研究所，开展辣椒育种研究和各种试验示范，培育出了适应市场需求并具有自主知识产权的石辣、石椒两大系列辣椒新品种18个，并建立辣椒良种三级繁育体系，实现了辣椒良种自繁自供，解决了石柱辣椒生产主导品种的良种问题，为提高辣椒产量奠定了基础；二是与西南大学合作，开展辣椒种植测土配方施肥和辣椒产品辣度标定，全面推广辣椒专用复合肥以提高辣椒产量和质量，发布石柱辣椒产品（干辣椒）辣度指数以促进产品销售；三是与重庆市农业科学院农机研究所、四川南充首创公司、四川洁能干燥公司合作，研制辣椒烘干机械并不断升级换代，解决了传统土炕烘烤干燥效率低、燃煤污染辣椒及环境等问题，率先在国内实现了辣椒机械化和清洁能源干燥，提高了辣椒干制效率和干椒质量；四是与中国农业科学院南京土壤研究所和重庆市现代特色效益农业产业技术体系相关课题组合作，开展缓解辣椒连作障碍技术攻关，解决辣椒规模生产中的连作障碍问题。

四、农业科技协同创新的潼南实践

（一）潼南农业经济发展情况

潼南位于重庆西北部，地处渝蓉地区直线经济走廊，是成渝新型工业基地、渝西生态文化旅游目的地、中国西部绿色菜都。潼南以实施乡村振兴战略为总抓手，以推进农业供给侧结构性改革为主线，全力做大做强现代农业，打造重庆、成都的"菜篮子"、"米袋子"和"后花园"。2018年实现农林牧渔业增加值59.06亿元，比上年增长4.7%。其中，种植业43.75亿元，增长4.2%；畜牧业7.60亿元，下降0.1%；林业3.14亿元，增长20.9%；渔业4.05亿元，增长8.6%；农林牧渔服务业0.52亿元，增长11.0%。粮食总面积84.1万亩，比上年增长0.1%，总产量37.0万吨，增长0.8%。其中，小麦收获面积1.5万亩，下降4.5%，产量0.3万吨，下降3.8%；水稻收获面积39.3万亩，与上年持平，产量20.8万吨，增长0.7%；玉米收获面积16.8万亩，与上年持平，产量6.4万吨，增长1.6%；甘薯收获面积16.8万亩，增长0.1%，产量7.7万吨，增长0.1%。油菜籽播种面积27.74万亩，增长1.6%，产量3.49万吨，增长0.3%；蔬菜播种面积95.55万亩，增长0.5%，产量197.62万吨，增长1.2%；水果收获面积16.98万亩，增长33.5%，产量19.00万吨，增长84.0%。生猪出栏709 278头，比上年下降1.2%；牛出栏5 806头，下降2.2%；羊出栏58 985头，增长0.5%；禽出栏5 857 840羽，增长1.2%[①]。

---

① 资料来源：《2018年潼南区国民经济和社会发展统计公报》。

狠抓一二三产整合，不断引导产业集群集聚发展。2018 年蔬菜复种面积 100 万亩、产量 200 万吨，成为全市保供核心基地[①]；柠檬 32 万亩、产量 25 万吨，是全市柠檬全产业链发展核心区，获评全国农产品（柠檬）优势区；全区粮经比达 38 ∶ 62，位居全市前列[②]。围绕太安罐坝现代科技农业、塘坝"枳海桑田"、崇龛粮油等打造区级现代农业产业园，推动优质主导产业向重点镇街布局。建立食品加工园，推进柠檬、蔬菜等精深加工龙头企业集群发展，汇达柠檬、帝安农业等销售过亿，柠檬系列产品远销俄罗斯、德国等 30 多个国家和地区。立足农旅融合，打造"一区两带百园"，成功举办多届菜花节、柠檬节等乡村旅游节会。

狠抓七大特色产业产品质量，不断推动品种品质品牌提档升级。潼南大力发展粮油、蔬菜、柠檬、生猪、渔业、特色经果、中药材七大特色产业[29]，通过狠抓产品质量，不断推动品种品质品牌提档升级，实现村村都有规模产业覆盖。对接全市筛选出的 100 个农业主导品种，结合潼南实际大力推广。禁止销售和使用高毒高残留农药，启动"二维码"管理试点和农药废弃物包装回收与处置试点工作，落实企业自检、镇街抽检和区里复检三重检测制度，累计认证"三品一标" 341 个，成功创建"潼南柠檬"地理标注商标。"潼南柠檬"被纳入国家生态原产地产品保护名录，培育柠檬初加工和精深加工企业 30 余家，鼓励企业自主研发柠檬精深加工技术 350 余项，获得国家发明专利 30 项[③]。汇达柠檬科技集团开发出柠檬浓缩汁、即食片、精油、酵素等绿色食品、美容产品、生物医药及保健品共 4 大类 300 余种，附加值提升 6~20 倍。汇达柠檬成为中国柠檬产业领军企业、领军品牌，参加第十八届中国西部国际农产品交易会，签订农产品订单 4.8 亿元和投资协议 7.5 亿元[④]。

狠抓改革创新，夯实现代农业支撑能力。截至 2020 年，累计投入财政资金 3 266 万元扶持 131 个村发展村级集体经济，其中支持 1 402 万元财政资金扶持贫困村发展。整合各级财政资金 300 万元、社会资本 401 万元，在龙形洪兴村、塘坝天印村、太安罐坝村实施"三变"改革区级试点工作[⑤]。成立中国农业机械化科学研究院西南分院，综合机械化水平达到 59.2%以上，设施农业比重达到 60%

① 巴蜀福地六养潼南. https://baijiahao.baidu.com/s?id=1638197967795969324&wfr=spider&for=pc, 2019-07-05.

② 潼南柠檬从深山走向世界. https://baijiahao.baidu.com/s?id=1650502821638911703&wfr=spider&for=pc, 2019-11-18.

③ 2022 中国·重庆潼南国际柠檬节签约额达 72 亿元. https://new.qq.com/rain/a/20221109A06YYK00, 2022-11-09.

④ 资料来源：中华人民共和国国家发展和改革委员会，https://www.ndrc.gov.cn/.

⑤ 潼南农业产业发展筑牢脱贫根基 活了产业 富了村民 兴了乡村. http://nyncw.cq.gov.cn/zwxx_161/mtbb/ 202010/t20201026_8091465.html, 2020-10-26.

左右。建成国家农业科技园区，入驻科技研发服务机构 5 家，建成科技专家大院、科技成果转化基地和农业众创平台，建成科光等智慧农业基地。同时与中国农业科学院柑桔研究所、华中农业大学等 8 家科研机构和高校，联合建立科研平台，2018 年投入科研经费 3 900 万元，建成全市首个高标准现代化柠檬脱毒育苗繁育中心，制定柠檬标准化栽培技术规程，推广柠檬营养诊断配方施肥技术，保障全区柠檬规模化、标准化发展[30]。建成智慧柠檬示范基地 1 500 亩、标准园102 个，柠檬产业覆盖全区 11 个镇街、93 个村居[①]。

围绕六大特色产业，积极开展新品种新技术的研发与推广。一是粮油方面，在推行免耕栽培、无盘抛秧、地膜覆盖、测土配方等技术基础上，重点推广了精准施药、旱育抛秧、工厂化育秧、水稻直播、水稻油菜全程机械化等技术；二是蔬菜方面，在推行地膜覆盖、大棚栽培、喷滴微灌节水、频振式杀虫灯诱杀等技术基础上，重点推广了嫁接育苗、病虫害绿色防控等技术，以及盆栽蔬菜一体式精简栽培技术，这一技术获得国家知识产权局实用新型专利证书和外观设计专利证书；三是畜牧方面，在普遍推广以生猪为重点的畜禽良种繁育技术的基础上，大力推广了生猪规模化标准化生产、排泄物干湿分离、猪-沼-菜（果）循环养殖等技术，创新了生猪规模养殖漏缝地板、规模猪场水帘风机温控、畜禽自动化料线饲养等技术；四是渔业方面，重点推广了池塘内循环微流水健康养殖、池塘一改五化集成养殖、"鱼菜（稻）共生"、稻田综合（稻蟹、稻虾）种养等技术，完成了中华沙鳅的人工驯养和培育；五是特色经果方面，以柠檬、花椒、中药材为重点，创新推广了柑橘营养诊断配方施肥、柠檬病虫害绿色防控、九叶青花椒产业化开发、灵芝丰产优质栽培等技术；六是农机方面，率先推广了水稻、油菜、玉米、土豆、洋姜等作物的全程机械化生产技术。

（二）具体实践

潼南以"国家农业科技园区"为载体，以研发推广现代特色品牌有机农业精深加工重大生物技术为主攻方向的农业科技协同创新实践。

该实践以政府为主导，以产业领军企业为主体，以产品为龙头，以特色品牌为中心，以"政府+产业领军企业+高校及科研单位+标准化产业示范区+农户"为主要形式，围绕大数据、智能化，协同农业产业链条各个环节上多元主体，实现农工商一体化、产供销一条龙产业化经营。

潼南国家农业科技园区于 2015 年由科学技术部等六部委批准设立。规划面积62 平方千米，分为现代农业体验区、现代农业创新核心区、标准化生产示范区、产镇融合示范区四大功能区。2022 年，潼南区按照"集中连片建设、产业集聚发

---

① 资料来源：重庆市乡村振兴局，http://fpb.cq.gov.cn/。

展"思路，布局建设高标准农田，现全区高标准农田建设涉及 5 个板块，在建11.5 万亩，规划新建高标准农田 12 万亩、改造提升 3 万亩，正在争取新建指标 10万亩、改造提升 5 万亩①。

潼南作为中国西部绿色菜都，依托国家农业科技园区，并以重庆唯一规模化有机蔬菜种植企业、唯一荣获有机产品认证企业——重庆朴真农业发展股份有限公司，以及中国柠檬产业领军企业、中国唯一柠檬全产业链企业、唯一国家级生态原产地——重庆汇达柠檬科技集团有限公司等农业龙头企业为主体，先后与西南大学、三峡学院、华中农业大学、重庆市农业科学院、中国农业科学院柑桔研究所等大学和科研机构合作，建立现代农业科技创新中心，建成重庆首个高标准现代化柠檬脱毒育苗繁育中心、高戈伍度阳台蔬菜研发中心、渝西智慧农业研发中心、科光种苗集约化育苗中心和资源植物研发中心示范基地，以研发推广现代特色品牌有机农业精深加工重大生物技术为主攻方向，打造集品牌有机农产品研发、生产、加工、配送、销售及休闲农业投资于一体的现代化创新型农业产业集群[30]。

其中，培育柠檬初加工和精深加工企业 30 余家，重庆汇达柠檬科技集团有限公司已成为中国柠檬全产业链企业、重庆市柠檬重点农业龙头企业、重庆市农业综合开发重点龙头企业、重庆市市级林业龙头企业、重庆市农产品加工示范企业、国家高新技术企业、中国柠檬产业领军品牌、中国柠檬产业领军企业，拥有重庆市高新技术创新中心、重庆柠檬深加工工程技术中心、重庆市博士后工作站、重庆柠檬产业研究院，专注柠檬种植、研发、加工、销售与产业化经营，截至 2019 年，累计投入自有科技研发资金达 1.3 亿元，深入挖掘柠檬价值，传续食品研发成效，融入药品研发概念，推出"花果同树、食药同源"的创新理念，围绕柠檬种植、柠檬果皮、柠檬果汁、柠檬果渣、柠檬果籽、柠檬花、柠檬叶等进行精深开发利用，在三峡学院、华中农业大学、西南大学等多所高校的协助下，依托高校优势，取得国家专利近 30 项，自主研发柠檬精深加工技术 300 余项，开发出柠檬浓缩汁、即食片、精油、酵素等绿色食品、美容产品、生物医药及保健品共 4 大类 300 余种，附加值提升 6~20 倍，同时还围绕大数据、智能化为现代农业赋能，推进农旅一体化发展，自建柠檬国际标准出口种植基地 10 000 多亩，全部采用绿色、低碳、循环发展的种植机制，全面禁用高毒、高残留农药，全面推广"三化一控"种植体系（肥水一体化、机械化、智能化和绿色防控），建立的大数据中心实现了大数据物联网产品可追溯系统在柠檬种植、产品销售领域的实际运用。截至 2019 年，重庆汇达柠檬科技集团有限公司累计完成投资 13 亿余元，建成了年深加工柠檬 20 万余吨的产业链，年产值达 30 亿元

---

① 乡村振兴风采展示｜潼南区：大力发展特色产业 擦亮潼南农业"金字招牌". http://art.cqnews.net/html/2022-09/09/content_1017772220349648896.html，2022-09-09.

以上，参加第十八届中国西部国际农产品交易会，签订农产品订单 4.8 亿元和投资协议 7.5 亿元。

五、农业科技协同创新的荣昌实践

（一）荣昌农业经济发展情况

荣昌位于重庆西部，东接大足、永川，南邻四川泸州，西与四川隆昌接壤，北与四川内江、安岳相邻。辖区面积 1 079.01 平方千米，人口 85 万人，有汉族、回族、土家族、彝族、苗族等 39 个民族。位于重庆、四川两省（直辖市）接壤处，地势平坦，交通便捷，气候宜居，自古以来商贾云集，是重庆西部门户，是辐射渝西与川东区域的中心城市、成渝城市群新兴战略支点，素有"海棠香国"和"渝西明珠"之美誉，也是首批国家产业转型升级示范区、国家知识产权强县工程试点城市和重庆市创新驱动发展示范区①。2018 年完成农林牧渔业总产值 733 350 万元，比上年增长 4.4%。全年粮食播种面积 668 012 亩；蔬菜播种面积 283 627 亩。全年粮食产量 297 170 吨，比上年增长 0.8%。蔬菜产量 551 514 吨，增长 3.7%。肉类总产量 67 186 吨，增长 1.6%②。

深入推进农村供给侧结构性改革，提高农业综合效益和竞争力。一是调整优化农业产业结构，认真落实"粮安工程"和"菜篮子工程"，调增产值高的经济作物和优质粮油作物，粮经比例为 46：54，培育形成"1+3+N"农业产业体系；二是推进农业科技创新，健全"农科教、产学研"一体化农技推广体系，培育发展农业科技示范基地和示范主体，推广应用主导品种和技术 45 个，获批市级农业科技园区 1 个；三是全力打造"香海棠"公共品牌，推进荣昌猪、荣昌白鹅、盘龙生姜国家"生态原产地保护产品"建设[31]，有效期内"三品一标"认证总数达 228 个、重庆市名牌农产品达 26 个；四是探索"三变"与"三社"融合发展模式，截至 2018 年，累计投入 6 850 万元在 114 个村（社区）开展扶持村级集体经济试点，2019 年 6 月底，已有 44 个村（社区）实现增收 570 万元。2019 年第二季度，完成股权化改革项目资金 1 400 万元；落实 2 个项目年分红资金 14.5 万元，帮扶贫困村、贫困户③。

积极引进推广培育农业新品种新技术，大力实施农业机械化建设。一是粮油方面，在推行免耕栽培、水稻机插机收、旱作机播机收、测土配方施肥、秸秆还田、病虫害统防统治等技术的基础上，重点推广了精准施肥施药、病虫害

---

① 资料来源：重庆市荣昌区人民政府，http://www.rongchang.gov.cn/。
② 资料来源：《2018 年重庆市荣昌区国民经济和社会发展统计公报》。
③ 资料来源：2020 年《荣昌统计年鉴》。

无人机飞防、有机肥替代、水稻直播、水稻油菜全程机械化、稻田综合种养等技术；二是经作方面，大力推广病虫害绿色防控技术、柑橘营养诊断配方施肥技术、果园滴（喷）灌水肥一体化技术、果园生草覆盖技术、果园茶园化肥农药双减增效技术、晚熟柑橘保果防落防冻防枯水综合技术、生姜连作栽培技术和茶树夏秋茶机采技术；三是畜牧方面，引进广东温氏集团投资 4 亿元发展生猪种业，推动研发成果转化，引进琪金集团投资 8 亿元，建设荣昌猪科技产业园，进一步延伸和完善荣昌猪养殖、加工、销售、品牌建设全产业链；四是水产养殖方面，重点推广了池塘内循环微流水健康养殖、池塘一改五化等集成技术，以及鱼菜共生、稻渔（虾、蟹、鱼）综合种养等生态养殖技术；五是农机方面，大力推广新型农业机械。

（二）具体实践

荣昌以"国家农牧高新区"为载体，以研发推广"猪-沼-竹（果、菜）种养循环"全产业链高新技术为主攻方向的农业科技协同创新实践。

该实践以行业龙头产业化企业为主体，以生态宜居为中心，集生猪繁育、动物科学实验、种养循环、麻竹基地于一体，借助"互联网+"云服务平台，以"政府+行业龙头产业化企业+高校及科研单位+科技创新与集成示范基地+养殖场及农户"为主要形式，协同"猪-沼-竹（果、菜）种养循环"农业产业链条各个环节上多元主体的产业集群发展。

荣昌是国务院确定的国家现代农业示范区、国家现代畜牧业示范区核心区、国家生物产业基地拓展区，2018 年获批全国首个以农牧为特色的国家高新区，还建成了全国最大的全国统一的生猪现货电子交易市场和全国最大的饲料兽药集散市场——中国（荣昌）畜牧产品交易市场，并与阿里巴巴（中国）有限公司、九次方大数据信息集团签订三方协议，合作开展荣昌国家生猪大数据中心建设，受到李克强总理批示[32]。截至 2017 年，荣昌拥有科学技术部授牌的国际科技合作示范基地、农业部授牌的养猪科学重点实验室等国家级平台 27 个，肉鹅遗传改良工程技术研究中心等省（市）级科研平台 46 个，院士专家工作站 1 个，博士后科研工作站 3 个，集聚畜牧科技和创新创业人才 2 万余人，累计面向全国培养输送农牧专业人才 4 万余人。荣昌猪是世界八大、中国三大优良地方猪种之一，是国际公认的宝贵猪种资源，荣昌猪以 27.7 亿元品牌价值位居全国地方猪品牌价值榜首[1]。2005 年起，荣昌成为农业部批准的"中国畜牧科技论坛"每两年定期举办地，国家生猪交易市场覆盖全国，"全国畜牧看荣昌"逐渐成为共识。

---

① 资料来源：华龙网，http://cqkp.cqnews.net/html/。

荣昌作为全国畜牧业绿色发展示范县、全国首批畜禽粪污资源化利用整县推进项目试点县，针对中小规模养殖场及家庭猪场，大力推广"猪-沼-竹（果、菜）种养循环""秸秆综合利用"等循环农业发展模式，走出了一条具有荣昌特色的生猪产业绿色发展之路。"猪-沼-竹（果、菜）种养循环"的农业科技协同创新产业链条，是以重庆日泉和重庆天兆等龙头企业为引领，以西南大学、重庆市畜牧科学院等国内一流畜牧兽医教学、科研机构为技术依托，带动示范养殖粪便干清分离综合治理、异位发酵等减量化技术。重庆荣昌农特电子商务产业园建成沼液输送主管网20千米，实现沼液易地消纳，而位于产业园内的农神有机肥加工厂是全区的畜禽粪污集中处理中心，未来将在全区构建起"区域收集转运、集中高效处理"的畜禽粪污资源化利用模式。截至2018年，示范园种养循环基地规模达3万亩，畜禽粪污综合利用率达到95%。同时，借助"互联网+"助力提升农产品质量安全，建立了农业投入品监管平台和追溯平台，建成畜牧兽医服务"110"云服务平台、FRID生猪产品质量溯源系统和兽药安全生产电子监控、畜禽粪污处理监控系统，对生猪防疫检疫、无害化处理、养殖环境监管等实行数字化管理，实现"养殖-屠宰-加工-交易"的全程溯源、全程监控、全程服务、全程公开。采用物联网技术对养殖场进行智能化改造，创新推出"爱迪（ID）猪"质量安全追溯系统，使每一头生猪的生命周期全过程都可实现溯源，生猪全程可追溯率达到 82%。通过大力推广种养循环发展模式，有效推进乡村振兴，实现乡村生态宜居。

第六节　推动乡村振兴战略实施的重庆农业科技协同创新模式选择

一、农业科技协同创新模式的内涵

模式是协同创新活动的实现形式，适宜的模式能够在一定地域内促进相关经济主体发挥各自优势进行农业科技产业化研发及转化应用，提升农业产业的质与量。因此，农业科技协同创新模式是指，在一定地域内相关经济主体发挥各自优势进行农业科技产业化研发及转化应用，提升农业产业的质和量的合作方式。本质上属于合作创新的实现形式。

二、重庆农业科技协同创新 5 种典型实践的模式分析

分析重庆 5 种具有代表性的典型农业科技协同创新实践模式，可见各自的农业科技协同创新实践模式包含了以下 6 个方面的元素：①具有一定的技术协同创新价值目标，如均有明显的农业增效、农民增收、企业创新、区域发展等价值目标。②具有一定的协同创新载体，如涪陵以"大型上市龙头农业企业"为载体，潼南以"国家农业科技园区"为载体，荣昌以"国家农牧高新区"为载体。③具有当地独特的农业技术难题作为主攻方向，如涪陵实践，要攻克的技术难题是本土农业特色产业及配套技术改良的技术难题；石柱实践要攻克的是本土现代山地特色高效农业重大技术障碍的技术难题；荣昌实践要攻克的"猪-沼-竹（果、菜）种养循环"全产业链高新技术研发的难题。④具有一定程度的技术、产业链融合构建，如潼南实践在攻克现代特色品牌有机农业精深加工重大生物技术难题的同时，以"国家农业科技园区"为载体，协同农业产业链条各个环节上多元主体，实现农工商一体化、产供销一条龙产业化经营；忠县实践在攻克柑橘技术及产业大数据智能化技术难题的基础上延伸了柑橘的产业链，实现了柑橘产业"数字产业化、产业数字化"的农业全价值链、全产业链、全生态链。⑤形成了多创新主体共建共享的协同创新体系，如荣昌形成了将行业龙头产业化企业、高校及科研单位、科技创新与集成示范基地、养殖场及农户、中介组织等主体，整合到"国家农牧高新区"的协同创新体系；涪陵实践形成了以"大型上市龙头农业企业"为载体，以政策为引导，以产、学、研合作为纽带，形成企业内部及行业优势科技资源整合的协同创新体系。⑥具有一定的协同创新关联要素配套。农业科技协同创新表面上是农业关联技术的合作创新，实质上是农业科技协同创新关联要素系统相互作用协同保障的结果，是农业科技协同创新知识资源、研发资金、农技人才、企业家、生态环境及基础设施等关联要素在一定区域内集聚、配套，形成、完善的过程。

三、重庆"6+4"农业科技协同创新的实践模式

党的二十大报告提出了中国进入中国特色社会主义新时代的科学判断，并实施了创新驱动发展、乡村振兴等一系列宏大战略布局，并确立了重庆在推进新时代西部大开发中发挥支撑作用，在推进共建"一带一路"中发挥带动作用，在推进长江经济带绿色发展中发挥示范作用的战略定位，在此背景下，重庆农业科技协同创新的作用和意义进一步凸显，意味着重庆农业科技协同创新模式和实现路径必须有新发展、新开拓、新转变。基于此，本节提出新时代乡村振兴战略下重

庆"6+4"农业科技协同创新的实践模式。

"6"为农业科技协同创新的六个元素变革：①协同创新价值目标转变，以乡村振兴战略为目标，在提升重庆农业自我发展能力、提高农民综合素质、改善农村发展环境、建成村民绿色幸福家园的基础上，打造重庆优势特色有机农业品牌集群、推动重庆农业高质量发展、提高重庆优势特色有机农业品牌国际影响力和国际市场占位与占有量；②协同创新技术攻关转向，以重庆优势特色有机农业品牌集群产业发展共性关键技术、地域优势特色品牌农林牧渔重大技术为主攻方向；③协同创新载体集群、多元化发展，根植于重庆优势特色有机农业品牌集群上下游产业链，打造集群化的多元农业科技协同创新载体，拓宽农业科技协同创新的领域与范围，提升农业科技协同创新辐射力；④协同创新技术链与产业链深度融合，创新制度供给，集聚优势科技资源，实现探索性研究与需求导向研究及未来产业发展有机结合，拓宽重庆优势特色有机农业品牌集群科技协同创新技术链与产业链双向融合的广度和深度；⑤协同创新主体长期共建"命运共同体"，打造共同愿景，实现优势特色有机农业品牌集群所涉及的村集体、农业合作社、家庭农场、农户、龙头企业与农科院所、大学、农技推广机构、金融等各类中介机构等主体共建"命运共同体"；⑥协同创新关联要素配套升级，重点培养农业国际高科技领军人才、接地气的农业科技人才、现代职业农民、农业企业家，同时加大农业科技研发应用平台及基础设施建设力度及信息化水平，构建重庆优势特色有机农业品牌集群科技协同创新平台，提升重庆农业科技协同创新资源供给集聚度和精准度。

"4"为农业科技协同创新的4个维度，即时间维度、空间维度、产业维度和组织维度的转变：①协同创新的时间维度当下与未来并重，依据乡村振兴战略目标，立足重庆优势特色农业品牌集群发展，既要关注当下重庆农业科技协同创新的重点领域，也要关注未来重庆农业战略性新兴产业发展；②协同创新的区域聚散向纵深发展，抓住"成渝双城经济圈"机遇，打造成渝优势特色有机农业品牌集群科技协同创新增长极，并发挥扩散效应，以成熟的"成渝双城经济圈农业科技"投入长江经济带、新一轮西部大开发、"一带一路"倡议；③协同创新的产业维度打造大数据农产品供应链联盟，构建大数据服务供应商主导的农产品供应链协同创新联盟，实现农产品供应链上下游信息同步实时共享，构建供应链线上线下物流、商流、资金流、信息流于一体，提高农产品从农田到消费者手中的流通效率[33]；④协同创新体系建设过程政府和市场两手并用，立足重庆优势特色有机农业品牌集群发展实际，充分发挥政府和市场双重驱动、调节、资源配置作用，合力创建重庆优势特色有机农业品牌集群农业科技协同创新体系。

第七节　乡村振兴战略下重庆农业科技协同创新的实现路径

适应新时代乡村振兴战略背景下重庆农业科技协同创新的发展要求，明确各创新主体主要行为边界，整合农业科技创新资源，依据乡村振兴战略下重庆农业科技协同创新的"6"个元素变革和农业科技协同创新的"4"个维度，以及存在的制约因素与问题，提出乡村振兴战略下重庆农业科技协同创新实现的政策建议。

（1）顶层设计、统筹协调、实施重庆优势特色有机农业品牌集群发展专项科技计划，形成重点攻关、分工协作的优势特色有机农业品牌集群科技协同创新坚实的产业基础。

市场经济发展经验表明，当规模经济发展到一定程度，适时转化经济增长模式，发展企业及产品的品牌化，打造名牌经济，已成为产业发展的必然趋势。当今，品牌已成为引领经济高质量发展的制高点，20%的知名品牌拥有 80%的市场份额，全球已进入品牌经济时代，打造优势特色有机农业品牌集群已成为重庆现代农业全面实现高质量发展的重要抓手。

因此，要立足重庆独特的丘陵山地资源禀赋，依托"巴味渝珍"区域公用品牌、437 个市级农产品名牌和 4 705 个有效期内的"三品一标"，根植于重庆柑橘、榨菜、柠檬、生态畜牧、生态渔业、茶叶、中药材、调味品、特色水果、特色粮油、特色经济林等优势特色产业，明确目标，制订重庆优势特色有机农业品牌化发展战略，打造重庆优势特色有机农业品牌集群，并凝练、甄别、确定重庆优势特色有机农业品牌集群高质量发展的共性关键性技术和重大技术问题，通过顶层设计，多方协商、科学论证，制定重庆优势特色有机农业品牌集群发展专项科技计划，明确协同创新的领域和方向，从品种选育、种植、加工、精深加工、副产物开发、产品销售、种植加工技术创新等环节，集聚科技研发人力资源、科技经费投入资源、科技创新平台资源、科技政策制度资源，整合资源、重点攻关、分工协作，加大机械化、自动化、智能化技术研发和推广应用，将涪陵、潼南、忠县、石柱、荣昌等区域打造成世界级"榨菜、柠檬、柑橘、辣椒、猪"等特色有机农业高地，将"涪陵榨菜集团""潼南汇达""忠县派森佰""石柱谭妹子""荣昌日泉和天兆"等龙头农业企业打造成世界级"榨菜、柠檬、柑橘、辣椒、猪"等行业领导企业和品牌集成商，形成重庆优势特色有机农业品牌集群科技协同创新产业坚实的基础，实现重庆优势特色有机农业品牌在全国及世界的行业领导和市场占位突破。

（2）以政府和市场合力构建农业科技协同创新机制，为重庆优势特色有机农业品牌集群科技协同创新注入活力和动力。

农业科技协同创新与其他领域的协同创新相比，具有显著的差异性特征，受需求不足和供给不足的双重约束，具体表现为地域性、公共性、长期性、风险性。因而，优势特色有机农业品牌集群科技协同创新作为一项系统工程，需要地方政府各职能部门、企业和高校科研院所多方的参与、支持与协作，要顺利实施，构建科学、合理、高效的机制是关键。

因此，要充分发挥政府和市场两手作用，构建农业科技协同创新机制：一是重塑政绩考核评价体系，通过法律、法规将优势特色有机农业品牌集群科技协同创新能力指标作为政绩考核的重要内容并形成制度化，全面激活重庆地区各级政府农业科技协同创新资源；二是通过树立培育优势特色有机农业集群品牌意识、制定优势特色农业集群品牌整体规划、授予行业协会管理权、鼓励农业企业创建品牌等相关政策激活农业科技协同创新的微观主体；三是深化科研机构体制改革，推动农业公益类科研机构的分类改革，激发农业科技协同创新知识源头创新动力；四是深化农业企业与科研院所对接，通过开展实用技术攻关和人才培养，进一步提升农业科技创新水平，促进更多的农业科研成果落地见效；五是坚持市场驱动，按照市场发展规律，以经济效益为中心，以优势特色有机农业产业、品牌产品为切入点，实施区域化布局、扩大规模化、标准化、品牌化的高质量生产，形成种加养、产供销、贸工农、农工商、农科教为一体化经营机制，为重庆优势特色有机农业品牌集群科技协同创新注入活力和动力。

（3）大力培育、挖掘、振兴和弘扬农业科技协同创新文化，优化重庆优势特色有机农业品牌集群科技协同创新的外部环境。

农业科技协同创新的动力源于形成协同创新文化，文化协同在于农业科技协同创新系统中的"增效作用"，通过文化驱动力给予农业科技协同创新以发展的活力；通过文化凝聚力给予农业科技协同创新以组织的效能；通过文化提升力赋予农业科技协同创新以发展的意义。因此，需要通过大力培育、挖掘、振兴和弘扬农业科技协同创新文化，优化重庆优势特色有机农业品牌集群科技协同创新外部环境，为重庆优势特色有机农业品牌集群科技协同创新赋予发展的活力、组织的效能和发展的意义。

一是要不断完善农业科技协同创新的政策机制和法治环境，为农业科技协同创新权益提供保证。二是要发挥舆论作用，树立和宣传农业科技协同创新科技领军人物、农业企业家、农业示范户等典型榜样，激励创新主体建立协同创新价值观，积极开展协同创新，并实现协同创新文化在农业经济发展中的扩散与渗透，营造农业科技协同创新社会环境。三是培养新型农民，提高农民综合素质。不仅要集聚优秀教育资源、健全农村教育体系，关注和加强新生代农民基础教育，从小抓起，还要设立新型农民课堂，聘请资深的政府、大学、中介组织农业专业人员，课堂讲授和实地培训相结合，为新型农民开设农业课程，解读新时期农业相关政策、传播科技文化知识、解决生产经营中困惑、深入田间指导新技术应用与推广，拓展新型农民的新思维、新视野、新理念，并且还要树立致富榜样，以"能人"和"乡贤"的正能量，带动农民致富，激发有志青年奋发拼搏，树立良好的社会风气，使农民、农村、农业的面貌焕然一新。四是培育新型经营主体，提升农业发展微观基础效能。在立足西部地区农业发展实际的基础上，因地制宜制定法规和细则，明确专业合作社、家庭农场和产业化企业等新型经营主体的权益、要求及法律地位，并以适度规模经营为方向，通过加强技能培训、强化品牌培育、打造产业集群等途径，提升新型经营主体发展层次，助力新型经营主体加快发展。五是建立农业科技人才培训平台，加强农业技术职业教育、农民继续教育、农业高等教育。造就一批农业科技企业家、技术专家和农民专业技术人才，提高整个农业科技人员队伍的管理及综合水平。六是完善政府服务体系，加大扶持力度，激发发展动力，健全土地经营权流转市场，逐步提高农业保险保费补贴标准，积极扩展有效担保抵押物范围，探索将土地经营权、农民住房、土地附属设施、大型农机具等纳入担保抵押物范围，提升优势特色有机农业品牌集群发展的微观基础效能。

（4）多渠道构建农业科技协同创新投融资体系，保证重庆优势特色有机农业品牌集群科技协同创新持续推进。

农业科技投入水平是衡量一个国家或地区农业科技实力的关键性因素，投入强度超过 3%是世界发达国家农业科技水平的重要标志，只有当农业科研投入强度，即农业研发投入占农业总产值的比例明显超过 2%时，农业科技原始创新才会凸显，一国才真正步入农业科技自主创新阶段，才可保障农业与国民经济其他部门的协调发展[34]。

因此，要保证重庆优势特色有机农业品牌集群科技协同创新资金持续供给。一是要建立政府农业科技投入机制，通过立法方式保证优势特色有机农业品牌集群科技协同创新引导资金 3%的增长比例；二是要通过经济杠杆和政策手段，鼓励涉农企业以技术产权等方式入股，激励企业增加投入；三是要通过采取中央与重庆按不同比例匹配共投方式，建立重庆优势特色有机农业品牌集群科技协同创新母基金，其中将市级部门资金集中安排，部分用于组建母基金，并引入社会资本组建子基金，保证资金集中供给；四是要通过扩大资本市场、积极吸引外资、引入风险投资，激活和鼓励民间资本参与；五是要建立业务仅限于为重庆优势特色有机农业品牌集群科技协同创新服务的金融机构，如设立农业商业保理公司，成立混合所有制农业产业链担保公司，指定国有担保公司为农业商业保理公司再保理业务提供担保的机构等。以此，多渠道构建农业科技协同创新投融资体系，保障资金后续连续性，保证重庆优势特色有机农业品牌集群科技协同创新持续推进。

（5）大力开展科技成果转化激励制度改革，先行先试保障重庆优势特色有机农业品牌集群农业科技协同创新科技人员权益。

马克思指出："人们奋斗所争取的一切，都同他们的利益有关。"①科技人员的利益影响着科技人员的行为，只有符合和保障科技人员利益的分配政策才能使科技人员有意愿将隐性知识奉献出去。同时习近平主席也明确指出，"提高科研人员成果转化收益分享比例，探索对创新人才实行股权、期权、分红等激励措施，让他们各得其所"[35]。因此，要根据《中华人民共和国促进科技成果转化法》《关于实行以增加知识价值为导向分配政策的若干意见》等国家相关政策文件，从对科技人员的分配政策、国家财政资助的科技成果权属、科研单位与科技人员之间的利益分配 3 个层面，大力开展科技成果转化激励制度的改革，给予科研人员更多的发展空间，激活"一线"科技人员的科研积极性和创造力，使得科研人员在履行好自己岗位职责、完成本职工作的前提下，可以从合理正常途径获得额外报酬，从而增加科研人员的收入水平和获得感、自豪感、满足感，制定相关政策，对于纳入重庆优势特色有机农业品牌集群项目中的相关科研院校及研究机构的相关农业科技人员，允许其可以不受身份制约先行先试保障其农业科技协同创新权益。

一是建立科技成果权益初始分配制度，保障科技人员权益；二是构建科技成果转化强制许可制度，赋予科技人员转化权；三是构建科研单位内部的量化分配规则，完善科技创新的长效激励机制；四是允许以优势特色有机农业品牌企业股权化合作的方式，在技术研发、成果应用等方面建立合作关系，以兼职的形式深入企业进行成果转化并获得相应报酬；五是在个人正常收入情况下，科研单位可以将农业科技人员用于科技推广的成果转化为现金奖励计入个人绩效工资总量，提升科研人员科研成果转化积极性；六是完善科研事业单位科研人员激励机制，通过参与重庆优势特色有机农业品牌集群横向项目所获得的经费，在明确有关项目经费细化管理制度的基础上，全权由课题负责人管理，最大限度向课题负责人倾斜。

（6）以大数据为重庆优势特色有机农业品牌集群科技协同创新赋能，推动重庆优势特色有机农业品牌集群高质量发展。

重庆优势特色有机农业品牌集群的高质量发展、国际品牌化发展，必须应用互联网、移动互联网、物联网等信息化手段，建立创新数据应用模式，以大数据为重庆优势特色有机农业品牌集群科技协同创新赋能，改造重庆优势特色有机农业品牌集群原有的产业链条，重塑产业结构，形成数据驱动型重庆优势特色有机

---

① 资料来源：《马克思恩格斯全集》第 1 卷。

农业品牌集群协同创新体系，产生重庆优势特色有机农业品牌集群协同价值，通过连接生产、流通、消费的各个环节，运用大数据为重庆优势特色有机农业产品认证、品质分级、产地溯源、口碑评价等方面服务，以此推进重庆优势特色有机农业产业供给侧结构性改革和创新发展，调优重庆优势特色有机农业种植结构，调精重庆优势特色有机农业加工业，调活重庆优势特色有机农业服务业，实现重庆优势特色有机农业产业链延伸、价值链增值，整体提升重庆优势特色有机农业品牌集群的品牌价值，推动重庆优势特色有机农业品牌集群高质量发展。

一是从共性及关键技术、科技成果、生产管理、土壤信息、农资投入、金融风投、农产品流通及消费信息、进出口贸易等层面，汇集海量数据、深入挖掘数据价值，建立集大数据、云计算、互联网、物联网技术、移动互联网于一体的重庆优势特色有机农业品牌集群大数据平台，降低交易成本，实现技术、成果、人才、资本等各类资源的有效对接；二是探索以企业为主体，产学研联合，围绕重庆优势特色有机农业全产业链开展农业物联网、人工智能、生物技术、基因工程、遥感技术、智能机械制造等集成应用示范，打造重庆优势特色有机农业产业数字经济试验区；三是建立国家级优势特色有机农业大数据创新创业孵化平台，开放共享优势特色有机农业产业大数据资源，创设各项扶持政策，吸附各类市场主体围绕优势特色有机农业产业链自主创新，孵化形成一批人工智能、物联网、智能装备制造、生物技术、基因工程等新技术和新产品的研发、制造、销售、服务等重庆优势特色有机农业企业集群；四是建立适合重庆优势特色有机农业品牌集群产业发展的数据标准化体系，构建农业数据指标、样本标准、采集方法、分析模型、发布制度等标准体系；五是实现重庆优势特色有机农产品产地、生产单位、产品检测等信息的追溯查询，打通农产品生产、加工、流通等环节，形成生产有记录、信息可查询、质量有保障、责任可追究的农产品质量安全追溯体系，打造重庆优势特色有机农产品安全风险大数据管理体系。

（7）打造农业科技协同创新战略联盟，推动重庆优势特色有机农业品牌集群产业链与技术链双向融合。

产业发展和科技创新的互动内生关系，决定了产业创新是科技创新的终端，只有实现产业创新和科技创新之间的有效衔接，才能使科技创新成果充分转化为现实的生产力。正是由于不同类型协同主体通过构建战略联盟，实现探索性研究、需求导向研究与未来战略性产业的有机结合和农业产业链与技术链的双向融合，才实现了农业科技协同创新及其科技成果转化的帕累托效果最优。

因此，要基于战略、知识和组织的协同，树立共同愿景，打造重庆优势特色有机农业品牌集群科技协同创新战略联盟，构建长期"命运共同体"，促进重庆优势特色有机农业品牌集群产业链条与技术链条深度融合。一是要构建规范的成员选择、进入、淘汰的管理机制，保证联盟成员多元化的同时，也要关注联盟成员的相似性和互补性，既要在资源与技术等相关方面有自身的优势，也要保证成员间整体实力相对均衡，避免相差过大，降低联盟成员间相互学习的难度，应当依据重庆优势特色有机农业基础与未来发展战略方向，通过科学论证，重点遴选具有代表性、引领性的农业产业化龙头企业、科研院所、创新团队、金融机构、行业协会、农业示范户加入重庆优势特色有机农业品牌集群科技协同创新战略联盟，保证创新联盟健康高质量发展。二是要构建农业科技协同创新联盟协同稳定机制，保障联盟成员间保持积极的合作意识与信任感，提升重庆优势特色有机农业品牌集群产业科技协同创新战略联盟稳定性。三是要构建联盟资源共享机制，增强主体间的沟通交流。一方面依托构建的各类资源网络共享平台，传播和整合联盟内部各成员技术与资源，保证知识与技术资源能够满足联盟的创新活动；另一方面要构建由政府、龙头企业、高校和科研院所组成的管理服务机构，为联盟提供承上启下的协调服务以保障资源的持续有效输入和输出，维持优势特色有机农业品牌集群科技协同创新战略联盟正常稳定运行。四是要加强联盟主体间的互惠合作，提升协同创新能力。一方面要提高联盟主体间互惠合作层次，通过设定优势特色有机农业品牌集群科技协同创新专项计划或有关联盟项目，增强联盟成员间对各自所具有的资源优势和竞争优势的了解，使其能够为联盟农业科技协同创新提供优质资源和技术试验平台，使联盟成员在明确协同创新优势的同时，深化优势特色有机农业品牌集群科技协同创新战略联盟运行过程中深层合作与主动合作的意识；另一方面要在联盟动态的合作过程中，不断培养成员协同创新的能力，增强成员在合作的各个阶段进行不同领域的协同创新的能力，提高优势特色有机农业品牌集群科技协同创新战略联盟整体运行过程中的协同创新效率从而展开全面高效的合作。

（8）尽快开展重庆优势特色有机农业入选全球重要农业文化遗产保护名录建设工作，丰富重庆优势特色有机农业优势品牌集群科技协同创新的底蕴、内涵与深度。

2002年，联合国粮食及农业组织联合联合国发展计划署和全球环境基金（Global Environment Facility）等发起了全球重要农业文化遗产保护项目，在概念上等同于世界文化遗产。截至2022年，我国已有18个传统农业系统被联合国粮食及农业组织认定为全球重要农业文化遗产，总数量、覆盖类型均居世界之首，成为点亮世界农业文明的璀璨明珠，也为全球生态农业的发展贡献了中国智慧。传统农业系统不仅具有"突出的美学价值"，而且也是对土地、景观和生物多样性的最佳利用方式，维系了人们赖以生存的农业生物多样性，承载了宝贵的文化遗产，更重要的是，还为所在区域人民不断提供着多种多样的产品和服务，保障了区域人民的食品安全和生计安全。全球重要农业文化遗产动态保护是一个综合性的管理途径，立足农业、生态与社会的可持续发展，是乡村振兴战略理念的集中体现，无论在当地，还是在国家和全球层面上，都具有深远的价值和重大意义。因此，要深入挖掘重庆优势特色有机农业的传统农耕经验以及精美绝伦的农业"文化"体系，尽快开展重庆优势特色有机农业入选全球重要农业文化遗产保护名录建设工作，丰富重庆优势特色有机农业优势品牌集群科技协同创新的底蕴、内涵与深度。

一是提高认识高度，切实发挥政府主导作用，立足重庆柑橘、榨菜、柠檬、生态畜牧、生态渔业、茶叶、中药材、调味品、特色水果、特色粮油、特色经济林等优势特色产业，组织专家指导委员会，科学论证、遴选、确定有潜力入选全球重要农业文化遗产保护名录的优势特色产业；二是设立重庆农业文化遗产推进专项资金项目，全力保障重庆优势特色有机农业入选全球重要农业文化遗产保护名录建设的经费支持；三是设立专门管理机构，成立重庆农业文化遗产推进会，加强农业文化遗产动态保护和管理；四是制定管理办法和保护规划，对潼南崇龛柠檬生态系统等有潜力入选全球重要农业文化遗产保护名录的地区，制定专项管理办法并付诸实施；五是深入发掘农业文化遗产地旅游潜力，提升有潜力入选地区的节庆习俗、建筑技术、手工技艺和自然景观等文化遗产的价值，通过多种方式发展可持续乡村旅游；六是大力提升农民自我发展能力，大力开展农业科技协同创新，提高农民在生物物种保护、有机农业发展、现代技术使用、水土资源综合管理、土壤施肥管理、病虫害综合控制、有机农药使用、产品质量控制和认证、产品包装和生态标识、农业旅游、可持续畜牧管理、手工艺品制作、商业管理、湿地保护、动物健康管理等方面的能力。

本　章　小　结

重庆是我国区域经济重要的战略组成部分，因此，其农业持续稳定高效发展关系到长江经济带和西部地区的经济发展和区域安全，重庆严峻的自然环境和生态环境，决定了重庆要不断提升农业科技协同创新能力，大力开展区域内及区际农业科技协同创新，为区域经济发展与农业产业价值增值提供发展动力。

"十三五"期间重庆市农业农村发展：一是农业综合生产能力稳步提升；二是农业现代化水平持续提升；三是农村面貌变化全面深刻；四是人民生活水平逐渐提高；五是农业产业结构不断优化；六是农业机械化水平不断提高；七是节约型农业不断发展；八是农村生态环境不断改善等方面扎实稳步推进。从重庆农业科技协同创新的发展基础来看，重庆高等院校数量不断增加，为农业科技协同创新提供支撑；农村土地集约利用水平较高，增加农业科技创新市场需求；农业产业链的发展较为完善，有效促进农业科技协同创新；农业固定资产投资保持稳定，奠定科技协同创新发展基础；农业抗风险的能力有所增强，有助于科技协同创新的发展；农业绿色发展水平稳步提升，为科技协同创新发展奠定良好基础；农村经济发展态势向好，为科技协同创新注入强劲动力；基础设施建设日益完善，为科技协同创新奠定坚实基础。

农业科技协同创新是一项系统工程，其成功实现是多种要素相互作用的结果，受多种因素影响。重庆农业科技协同创新制约因素如下：一是农业科技研发经费投入不足，协同创新资金规模仍需扩充；二是研究与试验发展人员短缺，农业科技协同创新支撑力不够；三是农业生产经营效益水平较低，阻碍科技协同创新发展步伐；四是农业机械化的发展程度不高，限制科技协同创新效果发挥；五是农村人口的受教育程度偏低，科技创新人力资本有待提高；六是农业资源禀赋配置效率较低，科技协同创新链衔接性较差；七是农村国际合作空间差异明显，制约农业科技创新要素流动；八是农业科技活动成果转化率低，创新服务推广体系有待加强。

重庆农业科技协同创新存在的主要问题包括：一是缺乏顶层设计，未形成特色农业优势品牌集群协同创新机制；二是企业与高校技术供求信息不对称，协同创新合作信息平台亟待构建；三是农业资金投入分散且力度不够，农业企业缺乏持续增长力；四是技术创新与收益未有效结合，农业科研人员积极性不高；五是农业服务中心人才匮乏且人员混岗问题严重，导致农业技术推广不力；六是国家与地方政策衔接度不够，降低农业科技协同创新效率；七是特色农业品牌文化缺乏，消费市场优势品牌占有率有待提升；八是农业科技创新投融资渠道有限，阻滞农业科技协同创新步伐。

重庆是我国区域经济重要的战略组成部分，其农业发展条件的有限性、差异性、地域的复杂性及农业科技发展的艰巨性，决定其农业科技协同创新实践丰富多彩，涪陵、忠县、石柱、潼南、荣昌作为重庆农业发展的典型区域，其各自的农业科技协同创新也各具特色。涪陵以"大型上市龙头农业企业"为载体，以改良本土特色产业及配套技术为主攻方向的农业科技协同创新实践；忠县以"数字农业示范县工程"为载体，以柑橘技术及产业大数据智能化为主攻方向的农业科技协同创新实践；石柱以"大力发展康养经济"为载体，以研发解决本土现代山地特色高效农业重大技术障碍为主攻方向的农业科技协同创新实践；潼南以"国家农业科技园区"为载体，以研发推广现代特色品牌有机农业精深加工重大生物技术为主攻方向的农业科技协同创新实践；荣昌以"国家农牧高新区"为载体，以研发推广"猪-沼-竹（果、菜）种养循环"全产业链高新技术为主攻方向的农业科技协同创新实践。通过分析重庆农业科技协同创新 5 种典型实践，提出了新时代乡村振兴战略下重庆"6+4"农业科技协同创新的实践模式，"6"为农业科技协同创新的六个元素变革：协同创新价值目标转变；协同创新技术攻关转向；协同创新载体集群、多元化发展；协同创新技术链与产业链深度融合；协同创新主体长期共建"命运共同体"；协同创新关联要素配套升级。"4"为农业科技协同创新的时间、空间、产业和组织 4 个维度的转变：协同创新的时间维度当下与未来并重；协同创新的区域聚散向纵深发展；协同创新的产业维度打造大数据农产品供应链联盟；协同创新体系建设过程政府和市场两手并用。

　　适应新时代乡村振兴战略背景下重庆特色农业科技农协同创新的发展要求，明确各创新主体主要行为边界，整合农业科技创新资源，依据农业科技协同创新的"6"个元素变革和农业科技协同创新的"4"个维度。重庆农业科技协同创新实现的有效路径如下：一是顶层设计、统筹协调、实施重庆优势特色农业品牌集群发展专项科技计划，形成重点攻关、分工协作、优势特色农业品牌集群科技协同创新产业基础；二是以政府和市场的合力构建重庆优势特色农业品牌集群科技协同创新机制，为重庆农业科技协同创新注入活力和动力；三是大力培育、挖掘、振兴和弘扬农业科技协同创新文化，优化优势重庆特色农业品牌集群科技协同创新的外部环境；四是多渠道构建农业科技协同创新科技投入投融资体系，保证重庆优势特色农业品牌集群科技协同创新持续推进；五是畅通国家与地方政策有效衔接，先行先试保障重庆优势特色农业品牌集群农业科技协同创新科技人员权益；六是以大数据为重庆优势特色农业品牌集群科技协同创新赋能，推动重庆优势特色农业品牌集群高质量发展；七是打造农业科技协同创新战略联盟，推动重庆优势特色农业品牌集群产业链与技术链双向融合；八是尽快开展重庆优势特色有机农业入选全球重要农业文化遗产保护名录建设工作，丰富重庆优势特色有机农业优势品牌集群科技协同创新的底蕴、内涵与深度。

参 考 文 献

[1] 重庆市人民政府. 重庆市人民政府关于印发重庆市推进农业农村现代化"十四五"规划（2021—2025 年）的通知[J]. 重庆市人民政府公报, 2021, （18）: 1-44.

[2] 重庆市统计局, 国家统计局重庆调查总队. 2020 年重庆市国民经济和社会发展统计公报[N]. 重庆日报, 2021-03-18（013）.

[3] 蔡继明. 如何处理好乡村振兴与城镇化的关系[J]. 中国人大, 2018, （11）: 25-26.

[4] 娄媛媛，苏思. 乡村振兴"三问"[J]. 今日重庆，2021，（3）：54-57.

[5] 王耀东. "火红"产业换来"红火"生活——乡村振兴分类试验之产业振兴的石柱探索[J]. 当代党员，2019，（24）：16-18.

[6] 王贵斌. 论现代农机农艺的融合[J]. 北方水稻，2018，48（4）：51-53.

[7] 助力发展现代山地特色高效农业——重庆市开创丘陵山区高标准农田建设新局面[J]. 中国农业综合开发，2020，（7）：20-22.

[8] 杨凡. 以绿色发展助力脱贫攻坚[J]. 共产党员（河北），2020，（15）：38-39.

[9] 陈晓东，刘佳. 行政审批制度改革、创新环境与城市科技创新[J]. 财经论丛，2020，（7）：104-112.

[10] 赵宇，孙学涛. 高标准农田建设是否有助于推进新型职业农民培育：来自村庄的证据[J]. 农村经济，2022，（4）：135-144.

[11] 李灯华，许世卫. 农业农村新型基础设施建设现状研究及展望[J]. 中国科技论坛，2022，（2）：170-177.

[12] 李倩，师萍，赵立雨. 基于灰色关联分析的我国区域科技创新能力评价研究[J]. 科技管理研究，2010，30（2）：43-44，50.

[13] 杨文静，孙迎联. 我国反贫困治理与农户生计转型：历史回顾与改革前瞻[J]. 经济学家，2022，（5）：97-106.

[14] 王建文. 农业经济应用于乡村振兴战略发展中的策略分析[J]. 山西农经，2022，（2）：50-52.

[15] 彭瑶. 加强农业农村国际合作加快培育农业国际合作和竞争新优势——农业农村部国际合作司负责人就《"十四五"农业农村国际合作规划》答记者问[J]. 中国食品，2022，（5）：24-27.

[16] 袁伟民，赵泽阳. 农业科技成果转化内卷化：困境表征与破解进路[J]. 西北农林科技大学学报（社会科学版），2022，22（2）：104-113.

[17] 赵连明. 重庆市农业科技创新资源配置效率及影响因素研究[J]. 中国农业资源与区划，2018，39（7）：92-98.

[18] 孙超. 农业文化遗产资源融入乡村振兴的机遇与对策[J]. 江淮论坛，2019，（3）：16-19，53.

[19] 宁轲. 金融科技支持农产品供应链金融的路径、问题与对策研究[J]. 质量与市场，2021，（19）：124-126.

[20] 傅扬. 科研经费"放管服"背景综述和展望[J]. 行政事业资产与财务，2021，（12）：34-35.

[21] 张宇. "放管服"视角下的"扩大自主权"政策：上海与国家的比较和启示[J]. 华东科技，2019，（9）：56-58.

[22] 徐洪军. 乡村振兴战略下农业品牌建设与知识产权保护研究[J]. 北方园艺，2019，

（16）：169-173.

[23] 重庆市涪陵区人民政府. 涪陵推进"五大"振兴 走出乡村振兴创新之路[EB/OL]. http://www.fl.gov.cn/zwxx_206/ywdt/202204/t20220414_10618195.html，2022-04-15.

[24] 曹清尧. 全力做好乡村振兴大文章 奋力开创新时代"三农"工作新局面[J]. 重庆行政，2019，20（6）：12-13.

[25] 王燕，刘晗，赵连明，等. 乡村振兴战略下西部地区农业科技协同创新模式选择与实现路径[J]. 管理世界，2018，34（6）：12-23.

[26] 黄祖英. 政府工作报告——2021年2月4日在忠县第十七届人民代表大会第五次会议上[N]. 忠州日报，2021-03-02（01）.

[27] 王春楠. 精准发力攻"堡垒"打赢脱贫攻坚战[N]. 广西日报，2019-09-11（011）.

[28] 贺洪彪，陈刚权. 独特 生态 飞跃——石柱县强力推进乡村振兴[J]. 重庆与世界，2018，（23）：50-51.

[29] 潼南区农业农村委员会. 潼南高标准农田建设加快农业现代化进程[J]. 中国农业综合开发，2020，（7）：27-29.

[30] 闫春容. 以"五个转变"保障现代农业高质量发展[J]. 就业与保障，2020，（9）：160-161.

[31] 袁麒麟. 荣昌：渝西门户的"荣昌"之路[J]. 重庆与世界，2019，（3）：26-31.

[32] 柴帆. "农牧"为基，构建国家级高新技术开发区[J]. 中国农村科技，2018，（5）：30-33.

[33] 周业付. 大数据农产品供应链联盟创新体系构建及利益分配研究[J]. 统计与决策，2019，35（23）：47-50.

[34] 罗鹏，李国领. 新时期农业科研单位科技创新浅析——以河南省农业科学院为例[J]. 农业科技通讯，2019，（11）：36-39.

[35] 中共中央 国务院关于深化体制机制改革加快实施创新驱动发展战略的若干意见[N]. 人民日报，2015-03-24（001）.

后　记

　　人生是走向成熟的历练，是蛹化成蝶的蜕变，而慎终如始的治学理念是我不断向前的动力源泉。尽管做研究的过程不知要忍受多少秉烛夜读之夜的寂寞；不知要在多少个夏日酷暑中煎熬；不知要坐多少冬日的冷板凳；不知多少次在痛苦中想要放弃；不知多少次泪洒衣襟、仰天长叹！但取得知识的那一刻是快乐的，因为知识改变了你的命运，它会毫不吝啬地让你得到你想得到的、你所梦想的任何东西，只要你也能够不畏艰难、不畏寂寞、不畏挫折、勇往直前、勇敢地去付出，就会收获回报！本书是在重庆市经济社会发展重大决策咨询研究项目"乡村振兴战略下重庆农业科技协同创新问题研究"（编号：FGWXSW2020-1-17）一次性通过专家名评审结题的最终研究成果的基础上，经过反复修改、补充完善，成文定稿，而此书出版的意义在于，见证了我学术研究从理论的纵向研究向服务地方经济社会发展的横向研究的转型，开启了我学术研究的新阶段、新征程。

　　回想过往经历，2017 年 12 月，组建科研创新团队，成为教育部人文社会科学重点研究基地长江上游经济研究中心"创新型国家建设与'一带一路'绿色发展"创新团队负责人；2017年12月，作为第一负责人完成的《地方本科院校商贸类专业创新创业人才培养模式研究与实践》，获得重庆市教学成果奖；2018 年 6 月，独撰完成的《区域自主创新论》，获得重庆市第九次社会科学优秀成果奖；2018 年 8 月结题完成国家社会科学基金一般项目"西部地区农业科技协同创新机制研究"（结题证书编号：20183908）；2018 年 6 月，以国家社会科学基金项目"西部地区农业科技协同创新机制研究"（编号：13BJY117）为项目支持，以第一作者在《管理世界》发表 2 万余字长篇论文《乡村振兴战略下西部地区农业科技协同创新模式选择与实现路径》，并被中国人民大学报刊复印资料《农业经济研究》全文转载（2018 年 9 月），且被收入"2018年度中国十大学术热点"热点五："乡村振兴战略研究"的重要文献，并列热点五重要文献第一位；2018 年 12 月，获批重庆市"创新型国家建设与'一带一路'绿色发展"研究生导师团队项目（编号：2018102）；2019 年 6 月，获批主持第六批重庆市研究生教育优质课程

"中国区域经济问题专题"项目（编号：2019069）；2019年7月，获批主持国家社会科学基金项目一般项目"西部农村贫困地区脱贫攻坚后高质量发展的创新驱动机制研究"（编号：19BJY131）；2019年11月，获批主持重庆市社会科学基金重点项目"重庆农村贫困地区 2020 年后高质量发展的创新驱动机制研究"（2019WT44）、重庆市教科规划重点项目"重庆农村贫困地区脱贫攻坚后乡村教育高质量发展的创新驱动机制研究"（2019-GX-115）；2020 年 3 月，第一执笔人完成的《关于重庆餐饮行业精准抗疫、保证市场供应，恢复生产的建议》，被时任重庆市市长唐良智予以重要批示（正部级），其核心内容并被应用于《重庆市人民政府办公厅关于应对新型冠状病毒感染的肺炎疫情支持中小企业共渡难关二十条政策措施的通知》中，累计产生经济效益近 4 亿元，并以此为契机，开启了咨政建议之路，从 2020 至今，第一执笔人完成的咨政成果已累计获得正部级、副部级领导批示近 20 篇；2020 年 4 月，获批主持重庆市经济社会发展重大决策咨询研究课题"乡村振兴战略下重庆农业科技协同创新问题研究"（FGWXSW2020-1-17）；2020 年 7 月，获批主持重庆市研究生教育教学改革重大项目；2021 年 5 月，获批主持教育部首批国家级课程思政示范课程、教学名师和团队项目；2021 年 11 月入选重庆英才·创新创业领军人才；2022 年 5 月，获批主持重庆市社会科学规划英才计划项目"乡村振兴战略下重庆山地特色高效农业科技创新路径研究"（2022YC008）；2022 年 6 月，晋升三级教授并入选重庆工商大学高层次特聘教授；2022 年 12 月，获重庆市第十一次社会科学优秀成果奖二等奖；等等。

在完成重庆市经济社会发展重大决策咨询研究课题"乡村振兴战略下重庆农业科技协同创新问题研究"项目、形成本书的过程中，离不开学校、领导、导师、团队成员和学生们的指导、支持和帮助，在此一并表示衷心感谢。此外，专著的文字校对工作得到了柳杨、陈琴、吴广、曹溯、王苓 5 位研究生的大力支持，他们为本书的完成贡献了力量。

最后，我要特别感谢我的家人，是你们无私的支持给了我学习的动力和拼搏的勇气；感谢已经离开我的姥姥和母亲，是你们的爱给了我在这个世界上最好的礼物；感谢我的父亲，您虽不善言语，但却父爱无边，让我温暖；感谢我的宝贝赵婧雯，你是上天赐给我的最好的礼物，给了我在逆境中奋斗的勇气；感谢我所有的亲人，是你们给了我人生旅途坚实的后盾和不竭的动力，我永远爱你们！

永远！永远！

王燕

2023 年 5 月于重庆

（F-7109.31）

山地丘陵地区
农业科技协同创新模式选择

www.sciencep.com

ISBN 978-7-03-075311-3

9 787030 753113 >

科学出版社互联网入口
经管分社：(010)64012800　销售：(010)64031535
E-mail：jingguanfa@mail.sciencep.com

定 价：128.00 元